諮商技巧精要

實務與運用指南

Essential Counseling Skills

Practice and Application Guide

Sandy Magnuson & Ken Norem 著

陳增穎 譯

Essential Counseling Skills

Practice and Application Guide

Sandy Magnuson

Ken Norem

目錄

第一站　準備出發：我是誰？我該如何與他人互動？　001

第二站　準備出發：運用基本傾聽技巧建立關係　019

第三站　出發：進階催化技巧　063

第七站　鞏固：歡慶旅程與準備各奔前程　167

關於作者

　　身為諮商師和諮商師教育者，Sandy Magnuson 與 Ken Norem 的經驗豐富、多方涉獵且樂在其中。自 1984 年 10 月在密蘇里學校諮商師年會認識後，他們開始共同著書，帶領工作坊，並在 1985 年結為連理。他們一起開設各種課程，為許多伴侶和家庭進行諮商，編纂期刊和通訊雜誌，合作著述文章超過 75 篇。諮商師督導是他們主要的研究題材。他們也非常熱心參與美國諮商學會（American Counseling Association）及分會的活動。

　　Sandy 在成為學校諮商師之前是一位國小教師。她在 1983 年時獲得西南密蘇里州立大學的學校諮商碩士學位，1995 年獲頒阿拉巴馬大學諮商師教育博士學位。Sandy 的工作經驗包括：2 年的大專院校駐校諮商師、9 年的學校諮商師、11 年的（兼職）私人執業與（全職）社區心理衛生中心、12 年的諮商師教育者。退休後，Sandy 持續至各校演說，身兼介入反應效果模式（response to intervention, RTI）顧問。她亦在許多社區督導理事會及委員會擔任要職。

　　Ken 在 1963 年時獲得北愛荷華大學的諮商師教育碩士學位，1978年獲頒愛荷華州立大學博士學位。Ken 的專業經驗包括：5 年的公立高中教師、20 年的學校諮商師、24 年的諮商師教育者，以及 20 年的（兼職）私人執業與（全職）社區心理衛生中心。他在三所大學擔任諮商師教育課程方案的協調人。退休後，Ken 積極參與公共事務及擔任志工。

關於譯者

陳增穎

現職：南華大學生死學系所副教授

學歷：國立臺灣師範大學教育心理與輔導學系博士

美國伊利諾大學香檳校區訪問學生

經歷：諮商心理師高考及格

國高中輔導教師

諮商與心理治療實務工作者及督導

譯作：《敘事治療入門》（2008，心理出版社）

《諮商概論：諮商專業的第一本書》（2012，心理出版社）

《團體諮商：概念與歷程》（2014，心理出版社）

《諮商技巧精要：實務與運用指南》（2015，心理出版社）

《悲傷諮商：原理與實務》（2016，心理出版社）

《40 個諮商師必知的諮商技術》（2017，心理出版社）

《社會心理學》（2019，心理出版社）

《兒童與青少年諮商：理論、發展與多樣性》（2021，心理出版社）

作者序

　　撰寫《諮商技巧精要：實務與運用指南》一書乃是要進一步闡　　　*x*
述以下這段深具意義的文字：「瞭解多元文化社會下的諮商歷程，包
括：(a) 介紹健康與預防等諮商目標；(b) 影響助人歷程的諮商師特質
與行為；(c) 必備的晤談與諮商技巧」（Council for Accreditation of
Counseling and Related Educational Programs, 2009, Standards II, 5 a, b,
and c）。這些文字見諸於各式各樣的諮商師教育課程綱要標題，如：
見習、課程實習、諮商專業定向和諮商技巧。倫理、衡鑑與諮商理論等
課程通常也會揭示這些標準，這些課程都是全職實習的必修科目。進階
課程如：團體諮商、家族諮商、諮詢等，則強化、擴充、磨練涵蓋在這
些標準內的技巧。

　　在兩人相加起來有 50 年的諮商師教育者生涯裡，我們堅持不輟地
改寫能運用至見習和課程實習的教材，增補教科書、專業期刊論文和課
程活動設計。我們發展出能讓受訓諮商師將知識、技巧和反應練習運用
至個案身上的紙筆作業活動。我們也設計看來能精熟技巧的一系列活
動，如此一來研究生便能做好會見他們第一個個案的準備。數年前退休
後，我們環顧創作過的教材，問問自己：「該怎麼整理這些東西？」我
們決定編製能跟他人共享的教材。

　　《諮商技巧精要：實務與運用指南》是我們自 1980 年以來積累的
演講、活動設計與練習之集大成。撰寫本書的目標是提供多功能、高效
率、實用性強的教材，可以搭配教科書、期刊文章和授課教師自身的經
驗使用──如同我們在本書採用的教材內容一樣。

　　我們認為生涯發展就像一段旅程。這一路上很幸運地有許多嚮導為
我們引路，包括教授、督導、作者、工作坊帶領者及同事。這個隱喻使

我們下定決心，願意沿途陪伴千百個優秀的學生完成碩士與博士學位。這趟旅程在每個轉角處向我們展現柳暗花明又一村的景色。雖然早已預期會有些轉彎處，但處處可見驚喜。我們從之前教過的學生身上學習，就算已經退休，仍延續終生學習的旅程，還在地方性報紙撰寫「生命旅途有感」這個專欄。所以，《諮商技巧精要：實務與運用指南》一書乃以數段旅程的概念呈現。

我們以邀請函和行程規劃為起點，我們擔任的角色是嚮導，不過，我們鼓勵參加者以自己的步調前進。本書包含引導閱讀內容、結構性活動和反思練習，以及根據我們曾接觸的個案而設計的範例與活動。每一章末附有推薦資源。但其實諮商師能運用的資源多不勝數、唾手可得。

我們有幸能躋身專業諮商師之林，直接受教於一些大師，如 Carl Rogers、Victor Frankl、Virginia Satir、Murray Bowen、Rollo May、Albert Ellis、B. F. Skinner、Jay Haley、Steve de Shazer 和 Insoo Kim Berg。猶記得「美國諮商學會」仍是「美國人事與輔導學會」（American Personnel and Guidance Association）之時，我們要向這些發展與詳述理論的前輩致上敬意，他們有為專業諮商師成立學會的遠見。我們也敬佩當代領導諮商專業的學者，為接棒的下一代立下良好典範。我們希望本書能記錄、分享並從歷史的角度汲取靈感，兼顧當代及未來的樣貌。我們熱愛諮商專業，對諮商師這份工作不敢掉以輕心。

《諮商技巧精要：實務與運用指南》乃是《兒童與青少年學校諮商：實務與運用指南》（*Counseling Children and Adolescents in Schools: Practice and Application Guide*）一書的修訂版，第一版是專為學校諮商師和學校心理學家撰寫，是《兒童與青少年學校諮商》（*Counseling Children and Adolescents in Schools*）的補充教材。《諮商技巧精要：實務與運用指南》的寫作對象是各種受訓諮商師，無論其工作場合為社區、醫院或學校等皆可閱讀。我們精選並修訂原書的內容，增添一些章節，期使與多元脈絡個案工作的諮商師受益。

研究結果仍支持諮商師—個案關係的重要性，以及關係對諮商效

果的貢獻。因此，在這整本書中，我們一直強調影響治療同盟的因子。
受訓諮商師有時會不知道該如何將理論應用到實務上。因此，我們特別
注重概念化——整合理論並選擇適當的介入策略，以回應個案獨特的需
求。與個案晤談的關鍵因素是「諮商師這個人」，這也是《諮商技巧精
要：實務與運用指南》這本書的另一個核心重點。

　　我們要將《諮商技巧精要：實務與運用指南》一書獻給我們之前教
過的許多出類拔萃的學生，他們後來也成為出色的諮商師和諮商師教育
者——有些人離我們家只有四條街遠，有些人則遠赴韓國、台灣和以色
列。你們做到了我們的每件要求，甚至更上一層樓！青出於藍，更勝於
藍，就是給我們最棒的祝福。

參考文獻

Council for Accreditation of Counseling and Related Educational Programs
(CACREP). (2009). *2009 standards*. Retrieved May 15, 2013, from
http://www.cacrep.org/doc/2009%20Standards%20with%20cover.pdf

譯者序

　　準備踏入諮商專業這一行時，學習諮商技巧是基本的科目之一。譯者從大一對輔導諮商產生興趣開始，一直到目前任教於大學相關系所，深深覺得諮商技巧是必須穩紮穩打、一步一步累積實力的。許多教科書和諮商專業前輩於此著述甚多，無不希望有志者能鐵杵磨成繡花針（Steady efforts can work miracles），提供給當事人最好的服務。但諮商技巧為數眾多，往往令初學者不知從何開始，也不知道學習的過程會碰到什麼助力或阻力。有的教科書將各種諮商技巧「切片解剖」，卻未能從整體觀綜探諮商歷程，這種情況下常讓初學者見樹不見林，可能徒有一身功夫，但卻無法整合成個人的諮商風格。

　　所幸本書《諮商技巧精要：實務與運用指南》能彌補上述缺憾。本書兩位作者 Sandy Magnuson 與 Ken Norem 博士賢伉儷，以旅程的概念為讀者精心設計可供前進的方向。一站又一站駐足深度學習的同時，讀者手上仿如有一張詳盡解說的導覽地圖。先從基本的專注技巧學起，到進階催化技巧，到與理論同行，到會見個案，擬定治療計畫、監控進展、文件記錄，最後鞏固所學。本書的案例豐富，讀來必覺妙趣橫生，不至枯燥乏味昏昏欲睡。可見兩位作者善盡導遊與同行伙伴的功力著墨之深。

　　感謝心理出版社林敬堯總編引薦本書，執行編輯高碧嶸小姐細心編排與校對，使本書得以最完美的風貌呈現在各位讀者的面前。在暑假酷熱難耐期間，揮汗伏案桌上，譯者專心沉潛於本書中，彷彿走入時光隧道，回想當初學習的青澀模樣。相信各位讀者好好研讀完本書後，定能青出於藍更勝於藍，這也是譯者身為諮商教育工作者最感榮耀的時刻。

增穎 於南華大學學海堂

行前說明

邀請函

　　恭喜你！你已經獲得進入專業諮商、絕對讓你值回票價的旅程招
待券。即使這趟旅程須耗費極大精力與內省功夫，但一定會讓你不虛此
行。我們很榮幸能與你分享這個專業的奧妙，也期待在這段旅程上與你
同行。

　　我們常用旅程（journey）這個詞，暗喻這是一段終生的
專業發展。的確，我們的生涯路徑就是一段漫長、但卻充滿喜
悅的旅程。這趟旅程偶有崎嶇不平之處，能跟受訓中的諮商師
分享旅程經驗至關重要，為此，我們設計了這本《諮商技巧精
要：實務與運用指南》，協助你學習基本諮商技巧，並在進行
個別諮商時運用這些基本技巧。

　　準備這趟精彩的旅程同時，我們的角色是嚮導，不是老
闆！我們希望這本《諮商技巧精要：實務與運用指南》，是你
預備進入專業諮商領域的資源手冊。我們也希望你會覺得這趟
旅程既愉悅又充滿挑戰性。現在，讓我們再回到旅程這個隱
喻。

　　你的行程規劃如表1所示，可視情況彈性調整。雖然我們以順序排
列的方式規劃行程，但你不一定得依直線進行。授課教師、專業督導、
同行伙伴等人，都可能推薦你其他的路線、短途旅遊、脫隊參觀、滯留
不歸等。這些行程規劃也一樣能靈活變通。你可以東看看西瞧瞧，或跟
其他人並肩緩行，你也有可能覺得某些景點比其他景點顛簸費勁。

xvi

　　這趟旅程有一個特色，就是沒有終點，除了沒有終點之外，這趟旅程也沒有確切的出發時間和地點。雖然它不是一張來回票，但你會發現這是一個循環返復、向四方開展、非線性的過程。

xv　　表 1　行程規劃

第一站：準備出發：我是誰？我該如何與他人互動？
　　反思練習：從現在起，一切都跟你有關！
　　探索你的信念
　　給予與接受回饋
　　旅程中你可能會遇到的改變與反應
　　健康：關注諮商師這個人

第二站：準備出發：運用基本傾聽技巧建立關係
　　探討真誠、尊重、同理心與投入
　　諮商關係是必要條件：理論回顧
　　熟悉基本技巧
　　非語言專注
　　跟隨
　　反映內容
　　情緒反映
　　澄清
　　摘要
　　催化性問題
　　小心陷阱

第三站：出發：進階催化技巧
　　同理心：理論與研究
　　反映意義
　　用廣角鏡頭捕捉「全貌」
　　立即性
　　自我揭露
　　挑戰
　　重新框架
　　運用隱喻
　　沉默

表 1　行程規劃（續）

進階技巧：注意事項

尊重文化差異

運用自我作為治療工具

第四站：與理論同行：統整與個人化　　　　　　　　*xvi*

催化改變

我們對理論的看法

理論整合與折衷主義

統整與個人化

個人化第一步：探索個人的價值觀與重要的理論

個人化第二步：審視一或兩種理論

個人化第三步：統整

個人化第四步：個人化！

實徵證據與臨床判斷的重要性

第五站：應用理論：評估與概念化

評估

功能行為評估示例

概念化

界定目標

第六站：與個案會面：治療計畫、歷程監控與文件記錄

引領個案進入諮商

治療計畫

歷程監控

文件記錄

第七站：鞏固：歡慶旅程與準備各奔前程

鞏固諮商工作

鞏固《諮商技巧精要：實務與運用指南》

收拾行囊準備下一段旅程

專業諮商師：就是你！

統整

最後的叮嚀

資料出處：改自 Magnuson, S., Hess, R. S., & Beeler, L. M. (2012). *Counseling children and adolescents in schools: Practice and application guide.* Thousand Oaks, CA: Sage.

　　毫無疑問地，這是你的旅程，你當然就是領隊。走完這趟旅程前，若你採取主動敬業的態度，你將會發現周遭的景色變化之大，令你嘖嘖稱奇。這也是我們充當臨時導遊的目的，暗示我們說再見的時刻到了。

　　剛開始的幾個行程，我們會提供一些定向資訊，有些你聽來或許像老生常談。我們會探討真誠、尊重、同理心、投入，以及如何善用你自己作為治療工具。我們會「開箱」取出這些概念，在旅程中的各個十字路口盡力解說，而不是預先「打包」它們上路。你學得的新技巧、新工具、新概念越多，行李也會與日俱增。從這一站走到下一站時，我們會全力協助你好好打包這些「戰利品」，因為整趟行程它們一定會派上用場。

　　我們陪你行走這趟專業旅程的責任，在第六站時已接近終點，此時你要擔負更多領隊的角色。與其走馬看花地漫遊新景點，我們建議你反思之前的行程對你的意義。你可以參考之前的旅遊資源，考量相關理論的優點和身為諮商師的工作架構，檢視反思你參觀過的所有「景點」和其他行程，並將之整合成有意義、內化成適合你個人的方法和模式。

　　當你練習不同的活動時，我們希望你能將這些經驗「個人化」，想像一個你可能會工作的專業場合，揣想個案的模樣。例如，想像 45 歲的索爾說：「這是我見過最荒謬的事。我的主管叫我來見你，她認為我很愛生氣！」想像他的畫面。他看起來如何？他是什麼膚色？髮色呢？設想你可能會面對的個案，能幫助你更平心靜氣地檢視個人的反應。

　　我們也希望你跟個案互動時能樂在其中，他們是你在進行諮商技巧課堂練習、課程實習、全職實習，甚至整個職業生涯時，有血有肉的服務對象。我們希望你能像我們一樣，謙虛地領受身為專業諮商師這個角色難得的殊榮與責任。

歡迎你的加入！出發囉！

Sandy 與 Ken 敬邀

第一站　準備出發

我是誰？
我該如何與他人互動？

在這一站，你將有機會：

- 瞭解與明白何謂反思，進行反思練習。
- 探索個人的助人信念與價值觀。
- 思考諮商關係可能的文化差異表現。
- 學習如何有效地給予與接受回饋。
- 瞭解何謂健康的生活態度與生活方式。
- 反思。

　　與個案、個案的家人及其他相關人士建立關係，是專業諮商師工作很重要的一環。你擔任與他們建立關係的關鍵角色，責任重大。因此，我們要先把焦點集中在諮商師這個人身上。沒錯，就是你！

　　在你接受諮商訓練期間，時有檢視個人想法、感覺、態度與反應的機會——可能比你之前探索過的還要深入。你會被要求和你的同儕、授課教師及督導一起進行這些探索活動。有些受訓諮商師不是很喜歡這樣的期待和要求。

在適當的情況下，個體通常願意在專業和學術社群分享部分自我。在學術場合揭露個人的內在自我訊息可能會令你不知所措。然而，要成為一位有效能的專業諮商師，你必須願意反思，思考你的反應意圖，不斷地挑戰自我，勇於冒險，這樣才能更瞭解你自己，也瞭解你將要處遇的個案。

我們鼓勵你從現在開始到終其一生，都要認真地進行自我評估和自我監控的歷程，這樣你的個人與專業成長才能不斷精進。釐清你對兒童、青少年、成人、家庭的信念，以及你對人如何改變的看法，是很重要的起步。

反思練習：從現在起，一切都跟你有關！

使用反思練習（reflective practice）這個關鍵詞搜尋電子資料庫，會跳出圖表、文章與多種專業領域的登錄條目，所有的文獻都對這個概念詳加著墨。這個詞彙被廣泛使用，但這項重要的活動仍不受專業發展重視，依舊被漠然置之與草草了事。反思難以測量，事實上，你有可能機械式地完成設計用來進行反思的作業，甚至寫就長篇大論，但卻沒有認真反思。不過，我們堅決主張受訓及在職諮商師有必要花時間進行反思練習。既然如此，什麼是反思練習？

Osterman 與 Kottkamp（2004）形容反思練習是「有意義且有效的專業發展策略。再者，它也是促進個人學習、行為改變、提升表現的途徑」（p. 1）。反思練習包括自我檢討與內省。對專業諮商師來說，反思是在諮商前、諮商中、諮商後煞費苦心地思考他們行事的用意何在，還包括：留意多元文化觀點、新的諮商方法、修訂後的倫理準則與立法條文等。反思著重在看到事件背後的意義與相關資訊，或每個人真實體驗到的經驗。

受訓諮商師經常在不知不覺間，將一堆未經檢驗的假設、新學到的

知識、理論和價值觀湊在一起，藉此理解實務上碰到的新狀況。經過一段時間的醞釀，這些「零件」融會貫通成個人的諮商理論，指引他們與個案工作的方向。

　　反思突顯了未經檢驗的假設（Bolton, 2010; Osterman & Kottkamp, 2004）。反思歷程將這些個人的理論帶入意識覺察。透過主動反思的歷程，個體「精挑細選」看來可用的個人理論與專業理論，不正確的部分則摒棄不用。藉由時間、經驗與反思，諮商師結合個人的理論與已有、可靠的諮商取向，採取適切合宜的諮商策略。因此，自我反思對專業持續成長與發展至關重要。

　　諮商師的工作須耗費相當多的時間與精力，一旦工作日程被文書、核銷、事前預備等工作填滿，反思的時間就會大幅減少，一再拖延遺忘。不過，反思與全心全意處理個案的主述問題一樣重要，無論你的諮商工作場域在哪裡，放諸四海皆準。

　　不管是新手或資深諮商師，持續探索個人的信念與瞭解這些信念如何影響實務工作是很重要的。反思練習是不二法門（Bolton, 2010）。小團體討論、寫反思筆記、個案研討、錄音錄影與角色扮演皆能加強反思。我們鼓勵你認真參與這些活動，持續培養專業自我反思的習慣。

　　我們鼓勵你撰寫反思筆記。Hubb 與 Brand（2005）曾形容反思筆記是「以紙為鏡」（p. 60），是讓「想法、感覺與行為相互連結，產生內在對話的終南捷徑」（p. 62）。這些筆記也記錄了「掙扎、疑惑、挫折與成就」（p. 70）。經過課堂練習與真實的諮商晤談後，你的筆記或可協助你釐清諮商時的想法和感受，回答以下問題：

- 我現在的狀況如何？
- 哪些地方我做得還不錯？
- 哪些地方我覺得有困難？
- 何時我覺得「卡住」了？
- 哪些地方我覺得可以有不同的做法？

- 有什麼會干擾我？
- 我的個人經驗何時成了絆腳石？
- 我的個人經驗何時可成為墊腳石？
- 我從自己身上學到什麼？

準備開始反思

諮詢你的授課教師或督導，瞭解他們對反思筆記的建議、喜好和要求。有些授課教師會要求學生定期繳交筆記，回應你的內省作業。有些老師則會將筆記視為學生的私人手記。

購買一本筆記本，最好是活頁夾，或以電子檔案的方式記錄。

準備一張封面，為你的這趟個人之旅命名。例如，我（指本書第一作者）把筆記本命名為：《Sandy，從鄉村到診所，課程實習I，1982 年夏》。

在第一或第二頁空白處註明日期，讓你的思緒和感覺躍然紙上，寫下到目前為止心中所有的感想。如果想不出要寫什麼，就先回答上面列出的問題。不要為了給別人審閱而寫下「看似不錯」的答案。

你的筆記會記錄你與時俱進的成長過程，當你定期（例如：每隔數週、學期末、第一學年結束）閱讀時，有機會反思個人的成長與受到挑戰的觀念。

探索你的信念

信念通常植基於早年經驗，也與缺乏經驗有關。這些一概而論的信念常常似是而非，甚至大謬不然。例如，你對人的看法、假設是什麼？

成人可以克服成癮問題嗎？兒童是柔弱、易受傷害，需要被保護的對象
嗎？青少年難以捉摸又難搞嗎？你對這些問題的回答可能擺盪在是、不
是、可能吧，還有看情況之間。

　　如果這些假設不容挑戰、置疑，專業諮商師極可能漏失個案直接
或間接透露的資訊。亦即，個案不會老是以直截了當的方式分享個人經
驗。他們可能會用細微的線索暗示內在的恐懼與痛苦。質疑個案苦惱強
度的諮商師常會疏漏這些線索。相反地，相信所有個案都來自受虐家庭
的諮商師，恐怕會對一個小瘀傷過度反應。

　　人能改變嗎？

　　如何改變？！

　　諮商師在歷程中扮演何種角色？

　　你對改變的看法，以及協助個人改變的方式，是其他待探討的議
題。人唯有靠外力才能改變嗎？人必須要清楚瞭解他的方向才能改變
嗎？教育是轉捩點嗎？專業諮商師如何協助兒童、青少年和成人做出改
變，以改善他們的生活？

　　跟當代、主觀價值判斷、容易引發爭議話題的相關信念，亦應反覆
檢視與探究。個案的社經階級、生長文化、政治立場與宗教信仰各不相
同。他們可能因個人的性取向、使用藥物與飲酒，抑或從事不安全的性
行為，飽受他人質疑與抨擊。他們或許對少數族群懷有偏見，或本身就
是幫派份子。他們很可能是熱情的傳教士，想勸說你改變信仰。你或許
不能苟同他們的政治立場。碰到這些情況，你會有何反應呢？你的信念
與價值觀如何引導你？更重要的是，你如何覺察自身的信念與價值觀，

而不會以公然或隱微的方式強迫個案接受？

　　有哪些價值觀可能會干擾你跟一般個案，或特殊族群個案建立治療同盟的能力？

_____

_____

005

_____

_____

　　我（指本書第一作者）曾拜訪一位駐地實習單位的督導，她的辦公室牆上掛滿了聖經名言和祈禱之手的畫作，一本聖經大喇喇地放在她的桌上。當我跟準諮商師提到她的辦公室裝潢時，他們幾乎不當一回事，他們認為她只不過是「做她自己」而已，真誠才是適切要緊的事。最後他們才瞭解這些象徵符號會影響走進來約談的個案或學生，特別是那些跟她信仰不同的人。我們和班上同學一起討論，假使我是個案，走進一間專業諮商師的辦公室，一眼望去全是宗教符號、政治黨派等其他在外面現實世界中易引發爭議情緒的經驗或個人偏好，你做何感想？慢慢地，他們才能以客觀的態度，在倫理準則的脈絡以及價值觀跟服務的可親近性、無條件積極關注、尊重每位個案和學生的前提下，思考突顯宗教與政治符號的用意何在。

　　想像你與一位專業諮商師有約，你在等候室等你的諮商師，很明顯地，諮商師與你的生長文化背景不同，諮商師的膚色截然不同，從服飾穿著看得出來是你不熟悉的宗教。你的第一個反應是什麼？諮商師須做什麼以緩和你因文化差異而產生的焦慮？諮商師須做什麼來跟你建立穩固的工作同盟？

_____

_____

_____

有各種評量工具能協助專業諮商師認真思索個人面對多元文化與族群的態度。例如，「多元文化覺察—知識—技巧量表」（Multicultural Awareness-Knowledge-Skills Survey, MAKSS; D'Andrea, Daniels, & Heck, 1991）就是一份用來瞭解增加準諮商師文化覺察力與敏感度的教學策略是否有效的評量工具（雖然這份自評量表出版時間已超過20年，但它仍沿用至今）。也有其他非正式的測驗工具能協助受訓及在職諮商師思考跟諮商有關的價值觀與信念，如：理論、沉默與抗拒。

填答「多元文化覺察—知識—技巧量表」（D'Andrea, Daniels, & Heck, 1991）或類似的問卷。

1. 填答這份量表的題目時，你對自己有何瞭解？

006

2. 有哪些地方令你感到訝異？

3. 如何擴展你跟多元族群相處的經驗？

_____

_____

4. 如何增加你個人的覺察力、知識與技巧？

_____

_____

_____

_____

5. 哪些個人的特質與能力是你成為專業諮商師的優勢？

_____

_____

007

_____

_____

6. 回想一個你重大的個人成長時刻。推動成長的動力是什麼？你如何讓
　　成長繼續維持下去、與時俱進？

_____

_____

_____

_____

7. 回想你對生活危機事件的反應。你過去的反應如何？你從這些經驗得
　　到什麼啟示？

_____

_____

_____

_____

8. 請用一些時間想想接下來幾個月你可能得到的學習經驗，以及這學期
　　須達成的課業要求。你想到什麼？你覺察到哪些情緒和發自內心深處
　　的反應？

_____

_____

_____

_____

給予與接受回饋

　　當你探討自身的信念與價值觀時，你的同班同學也在做同樣的事。
在你的職業生涯中，特別是研究所時期，你會有很多機會提升個人與專
業成長，同時激勵同儕進步。許多技巧課程、課程實習、全職實習和團
體督導，都將同儕回饋納入學習歷程。你會跟同儕進行角色扮演、觀看
錄影帶或現場模擬諮商晤談情境。

008

　　給同儕回饋可能引發不快，因此你會不太樂意提出可能被視為批
評的回應或意見。受訓諮商師有時會以為既然他們是諮商新手，所以沒
什麼有用的評論好說。另一方面，受訓者通常會很感謝同儕坦率提出的
多重觀點。在督導期間，受督者會留意、觀察和體驗諮商晤談的不同面
向。綜合這些洞察，有助於諮商師更充分明瞭個人的優勢、成長方向和
專業旅程。

　　當你思考給予回饋的類型與態度時，記住，最終的目的是要催化大
家繼續進步。如果以這種態度給予回饋，對方比較會欣然接受。以下是
分享你的回應和建議時，讓你的同儕更願意接受回饋的一些提醒。

　　問問你自己：「現在聽到什麼，對我的同學才會有幫助？」

・限時限量的回饋。選擇一或兩個重點聚焦即可。

- 記下諮商晤談中做得還不錯的地方，以及有成長空間的地方。
- 使用清楚、具體與描述性的語句。舉諮商晤談的例子來說明你的觀察。
- 若你的回饋帶有糾正意味，須提出可資改善的建議。
- 指出可以改正的行為，而不是個人的特質。
- 以邀請、體諒的態度給予回饋，不要師心自用。
- 分享回應與給予回饋時，可搭配清楚的溝通技巧。

　　說法、用語及非語言溝通會對回饋帶來重大影響。因此，我們鼓勵你以開放的姿態、溫和的眼神接觸與聲調，完整說出你的觀察、反應與建議。我們也建議你使用「我訊息」，尤其是開口第一句。舉例來說：

- 我喜歡你彎腰看著個案及握手的方式。你看起來從容不迫，看得出個案也放鬆了。
- 看到那麼長的沉默，讓我有點不舒服。不過，你看起來很冷靜、神態自若，讓人安心。我很好奇你是怎麼辦到的。
- 我注意到你自我揭露跟考試有關的經驗後，個案在閃躲你的眼神注視。我想知道你當時的感覺如何。
- 當你的個案挖苦男人時，我可以感覺到你火冒三丈。你似乎在克制自己不露聲色，但聽得出來聲調變得嚴厲。當你重看這段錄影帶時，可以再留意一下那個片段。
- 當你嘲弄個案對生活在此地的看法時，我覺得很焦慮。畢竟這裡是我的家鄉，我喜歡這裡。我認為如果你能反映個案搬到一個新城市的孤單心情，會對他比較有幫助。

009　　除了給予回饋外，你也會接收到批評。聽到這些評論心裡不會很好受，特別是處理完一個很難的晤談之後。想要為自己辯護或解釋是人之常情。或像洩了氣的皮球一樣，被這些批評弄得意志消沉。雖然不容易做到，但我們仍要鼓勵你不要過度反應，而是靜下心來，以開放的心胸

聆聽，稍後再反芻同儕的意見。有時候，觀看錄影帶或與督導討論，寫下並思考你得到的評論，將使你受益良多。

得自同儕與督導的回饋給了反思一些問題的機會，例如：「我現在的狀況如何？有什麼事正在干擾我？我可以從自己身上學到什麼？我該如何學習，以成為更有效能的諮商師？」

想像你剛與同儕和授課教師進行完角色扮演，你對這個想像有何反應？

進一步想像，這個角色扮演並不如你預期般表現的好，你聽到一些稍嫌負面的批評。你會有哪些反應？你如何以不防衛或不垂頭喪氣的態度來消化這些回饋？

_____

_____

_____

_____

_____

旅程中你可能會遇到的改變與反應

發展理論是許多專業的引航燈塔，教育者應思索兒童發展的各種要素，以此組織學習活動。醫師應思忖發展的關鍵轉折點，監測病患的身體健康。諮商師要考量的有生涯發展、道德發展、認知發展，甚至家庭發展。

身為諮商師教育者和督導，我們認為某些理論（例如：Hogan；Loganbill、Hardy 與 Delworth；Stotlenberg、McNeil 與 Delworth）跟諮商師的發展有關。這些發展模式以承上啟下，抑或周而復始的方式，描繪出許多（並非全部）受訓諮商師或受督者學習與精練諮商技巧時的反應。這些理論知識或多或少可預測專業發展的階段，有助於學生和受督

者處變不驚，消除疑慮。

　　新手受訓諮商師常感六神無主、憂心忡忡與忸怩不安。他們希望有
清楚、明確的答案可供遵辦，因為「看情況」這種回答常引發他們的挫
折與志忑。他們重視教授的看法，期待教師能給予指引和示範。

　　這一路上，受訓諮商師會經驗到舉棋不定與將信將疑的心情。他們
擺盪在：(a) 動機與信心旺盛；與 (b) 自我懷疑與垂頭喪氣之間。他們
鼓起勇氣隻身冒險，不時因督導和授課教師的褒貶或評論忿忿不平。受
訓者有時會質疑授課教師的能力及自身的生涯選擇是否正確。手忙腳亂
是這一階段典型的反應。

　　一般說來，這段笨拙混沌的時刻所花費的精力，會轉變成技巧的發
展與成熟，漸次整合技巧、理論和個案的需求。此時信心會大增，希望
接受督導、獲知回饋。諮商師必須擔負起願意追求專業成長的重任。

　　形容諮商師發展的模式與個體其他的學習情境類似，也跟個案在諮
商的進展相去無幾。想像你學習某樣新事物的情境，是否和這些模式的
描述相仿。

　　假設你正處在緊張或自我懷疑的時刻，你如何減輕你的慌亂不安？

_____

_____

_____

_____

_____

健康：關注諮商師這個人

　　健康是一種思想體系、一種生活方式，獲得諮商專業和許
多諮商師支持，1989 年被無異議通過（American Counseling
Association, n.d.）訂為 1990 年代早期的年會主題。Jane Myers、

Tom Sweeney 與 Mel Witmer 博士是美國諮商學會（American Counseling Association, ACA）中推動健康思想體系的先驅（Myers, Sweeney, & Witmer, 2000; Sweeney & Witmer, 1991）。Myers 與 Sweeney 博士對健康方面進行的研究相當豐富（Myers & Sweeney, 2008）。

國家健康研究院（National Wellness Institute, NWI）以 Myers 與 Sweeney 的研究為本，提供浩瀚的資源。這趟行程的資料與活動採用國家健康研究院（NWI, n.d.）的六面向模式和術語。我們會以通俗、逐項條列、實用的方式說明 NWI 的模式。不過，它並未進行嚴謹的統計考驗。

認知健康

011

如你有下列情形，請打勾（✓）：
1. 就讀諮商師教育課程　　　　　　　　　　　　　_____
2. 參與激發思考的活動，如：下棋、橋牌、數獨　　_____
3. 定期參加藝文活動（如：演奏會與音樂會）　　　_____
4. 收聽或閱讀國際消息　　　　　　　　　　　　　_____
5. 每週至少兩次進行啟發性談話　　　　　　　　　_____
6. 其他能促進認知健康的活動　　　　　　　　　　_____

職業健康

如你有下列情形，請打勾（✓）：
1. 對諮商師預備教育的求學過程樂在其中（加分題！）　_____
2. 在 (a) 工作與 (b) 家庭責任間取得理想的平衡　　_____
3. （大部分的時間）喜歡工作　　　　　　　　　　_____
4. 維持愉悅的工作或學習環境　　　　　　　　　　_____

5. 工作和個人價值觀相符　　　　　　　　　　＿＿＿＿＿＿

6. 最近在下功夫學習跟工作有關的新知識或技巧　＿＿＿＿＿＿

生理健康

如你有下列情形，請打勾（✓）：

1. 規律運動　　　　　　　　　　　　　　　　＿＿＿＿＿＿

2. 攝取健康、天然的食品　　　　　　　　　　＿＿＿＿＿＿

3. 不吸菸　　　　　　　　　　　　　　　　　＿＿＿＿＿＿

4. 遠離恣意放蕩的行為（如：暴飲暴食、飲酒）＿＿＿＿＿＿

5. 謹慎駕駛　　　　　　　　　　　　　　　　＿＿＿＿＿＿

6. 進行其他有益生理健康的活動　　　　　　　＿＿＿＿＿＿

社會健康

如你有下列情形，請打勾（✓）：

1. 參加跟公共事務及增進他人福祉有關的活動　＿＿＿＿＿＿

2. 培養和維持友誼　　　　　　　　　　　　　＿＿＿＿＿＿

012　3. 實踐「把愛傳出去」　　　　　　　　　　＿＿＿＿＿＿

4. 定期向關心你的親戚和朋友表達感恩之情　　＿＿＿＿＿＿

5. 參加環保活動（如：資源回收）　　　　　　＿＿＿＿＿＿

6. 參加其他對社區或社會有貢獻的活動　　　　＿＿＿＿＿＿

情緒健康

如你有下列情形，請打勾（✓）：

1. 能夠體驗與適當地表達多種情緒　　　　　　＿＿＿＿＿＿

2. 善於控制脾氣　　　　　　　　　　　　　　＿＿＿＿＿＿

3. 區分理性與感性的差異 　　　　　　　　　　　＿＿＿＿＿

4. 對個人的成就心滿意足 　　　　　　　　　　　＿＿＿＿＿

5. 善於因應壓力情境 　　　　　　　　　　　　　＿＿＿＿＿

6. 定期從事其他有益情緒健康的活動 　　　　　　＿＿＿＿＿

靈性健康

如你有下列情形，請打勾（✓）：

1. 關心他人 　　　　　　　　　　　　　　　　　＿＿＿＿＿

2. 與周遭世界相感通 　　　　　　　　　　　　　＿＿＿＿＿

3. 生活方式和你的價值觀與信念相符 　　　　　　＿＿＿＿＿

4. 堅信你的生命有其意義和目的 　　　　　　　　＿＿＿＿＿

5. 冥想或其他類似的活動 　　　　　　　　　　　＿＿＿＿＿

6. 從事其他有益靈性健康的活動 　　　　　　　　＿＿＿＿＿

　　這些面向大部分不言自明。**認知健康**的特徵是能促進創造力、腦力鍛鍊、知識與技巧的行動。**職業健康**意指藉由工作、志願服務與休閒活動獲得愉悅、充實與平衡。**生理健康**包括預防疾病、醫療照顧、飲食、運動和其他有益健康的活動。**社會健康**包括人際關係、與大自然共生共存，以及阿德勒學派重視的社會興趣。**情緒健康**意指個體致力於正確地瞭解自己，評估自身的優點與限制，適當地表達感覺、因應壓力，獨立與依賴互不偏廢。**靈性健康**意指生活有意義、有目標，與他人保持良好關係，價值觀與行為表裡如一。這些面向很明顯的有重疊、互依、交相影響，環環相扣，這是一個整體觀的模式。

013

　　健康是「個人願意覺察、選擇與朝向更美好存在的主動歷程」（NWI）。它跟「沒有生病」不同。事實上，一個人也許有障礙及缺陷，但仍覺得「健康」，神采奕奕。相反地，身體很好的人不一定「健康」。此外，健康是逐步發展、動態的過程，而不僅是已達成的目標。

當諮商師下定決心以健康的方式生活，必能為個案樹立良好的典範。我們常常跟個案討論健康這個話題，一起探討每個面向的作為。例如，運動有助於紓解壓力（生理健康與情緒健康）；健康的飲食習慣能促進更充分休息的睡眠（生理健康）；參與社區公共事務能增加發展友誼的機會（社會健康）；發現生命的意義與目標（靈性健康）能緩解憂鬱，也是改變不良習慣和依賴心的催化劑。生理健康和心理健康的關聯於焉形成。

從現在起，我們鼓勵你留意自己的健康狀況。除了為你個人著想外，你也要成為同儕和個案的榜樣。

聽到評估，你會想到什麼？你可能會想到過去課堂上教師評量你學習成果的考試，也可能是想到根據《精神疾病診斷與統計手冊》（*Diagnostic and Statistical Manual of Mental Disorders*, DSM-5）而做的診斷。

在這趟旅程中，我們邀請你認真進行自我評量與反思，這些都是評估的類型。在接下來的行程中，我們會定期要求你評估自身的諮商技巧進展。你可能會得到同班同學和授課教師的評估回饋。每一站開始，我們會列出你要學習的內容。在各站的起點與結尾，我們要鼓勵你以 1（你真的不瞭解這個概念）到 10（你準備好要對個案運用這個知識或技巧了）的量尺，自我評定運用相關知識與技巧的能力。

準備結束第一站

這趟旅程的活動益發緊鑼密鼓了。我們要求你嘗試進行這些活動，認真反思，並記下你的反應。這一站已接近尾聲，我們邀請你在筆記最

後，思考以下問題。

1. 你現在的狀況如何？別懷疑，想必你很高興就快擺脫這些問題了！

014

_____

_____

_____

2. 你覺得這一站的哪些問題或哪些部分很難？

_____

_____

_____

3. 何時你覺得「卡住」了？

_____

_____

_____

4. 有什麼會干擾你？

_____

_____

_____

5. 你從自己身上學到什麼？

_____

_____

_____

第一站推薦資源

Bolton, G. (2010). *Reflective practice: Writing and professional development* (3rd ed.). Thousand Oaks, CA: Sage.

Myers, J. E., & Sweeney, T. J. (2005). *Counseling for wellness: Theory, research, and practice.* Alexandria, VA: American Counseling Association.

Scholl, M. B. (Ed.). (2007). Wellness [Special issue]. *The Journal of Humanistic Counseling, Education, and Development, 46*(1).

Tubesing, N. L., & Tubesing, D. A. (1983). *Structured exercises in wellness promotion: A whole person handbook for trainers, educators and group leaders* (Vol. I). Duluth, MN: Whole Person Press.

Tubesing, N. L., & Tubesing, D. A. (1984). *Structured exercises in wellness promotion: A whole person handbook for trainers, educators and group leaders* (Vol. II). Duluth, MN: Whole Person Press.

Tubesing, N. L., & Tubesing, D. A. (1986). *Structured exercises in wellness promotion: A whole person handbook for trainers, educators and group leaders* (Vol. III). Duluth, MN: Whole Person Press.

第一站參考文獻

American Counseling Association. (n.d.). Compilation of resolutions adopted by the association 1981–1990. Retrieved May 15, 2013, from http://www.counseling.org/docs/resolutions/resolutions-1981-1990.pdf?sfvrsn=2

Bolton, G. (2010). *Reflective practice: Writing and professional development* (3rd ed.). Thousand Oaks, CA: Sage.

D'Andrea, M., Daniels, J., & Heck, R. (1991). Evaluating the impact of multicultural counseling training. *Journal of Counseling and Development, 70,* 149–150.

Hubbs, D., & Brand, C. F. (2005). The paper mirror: Understanding reflective journals. *Journal of Experiential Education, 28*(1), 60–71.

Myers, J. E., & Sweeney, T. J. (2008). Wellness counseling: The evidence base for practice. *Journal of Counseling & Development, 86,* 482–493.

Myers, J. E., Sweeney, T. J., & Witmer, J. M. (2000). The Wheel of Wellness counseling for wellness: A holistic model for treatment planning. *Journal of Counseling & Development, 78,* 251–266.

National Wellness Institute. (n.d.). Retrieved May 15, 2013, from http://www.nationalwellness.org

Osterman, K. F., & Kottkamp, R. B. (2004). *Reflective practice for educators: Professional development to improve student learning* (2nd ed.). Thousand Oaks, CA: Corwin.

Sweeney, T. J., & Witmer, J. M. (1991). Beyond social interest: Striving toward optimum health and wellness. *Individual Psychology, 47,* 527–540.

第二站　準備出發

運用基本傾聽技巧
建立關係

在這一站，你將有機會：

- 瞭解助人關係的重要性。

- 熟悉基本傾聽技巧。

- 學會詢問能促進專業關係和改變的問題。

- 評量與改善諮商師的回應。

- 留意常見錯誤。

　　學習與磨練諮商技巧是一個發展性的過程。這趟旅程要培養的精要諮商技巧（亦稱核心技巧、基本技巧或精微技巧）包括：(a) 非語言專注；(b) 跟隨；(c) 反映內容；(d) 情感反映；(e) 澄清；(f) 摘要；(g) 催化性問題。

　　基本上，這些技巧都是良好的溝通策略，有助於發展人際、同事與專業關係（附錄 A 是我們為地方性報紙的讀者撰寫的溝通技巧專欄）。

探討真誠、尊重、同理心與投入

　　試想跟你對話的某人，你覺得他瞭解、接納與肯定你。這個人做了什麼，讓你有這種感覺呢？

_____

_____

_____

_____

　　一般說來，常見的答案有：(a) 她的眼睛看著我；(b) 他有點頭；(c) 我從他的臉部表情看得出來；(d) 他說的話讓我知道他有在聽；(e) 她放下手邊正在做的事，專心聽我說話。

　　回想你還是兒童或青少年的時候，是否有一兩位你能夠坦誠對話，深覺對方瞭解你的長輩。你選的這些長輩有什麼特徵呢？

_____

_____

_____

_____

_____

　　很不幸地，有些兒童、青少年和成人並沒有機會擁有你方才提到的關係。因此，無論工作場域在哪裡，專業諮商師必須要提供個案真誠、尊重、無條件的積極關注、同理心與投入的高品質關係。

練習非語言專注、反映內容、情緒反映

1. 找到你的伙伴 A 和伙伴 B，三人一組。

2. 開頭的前五分鐘，伙伴 A 的角色是談談最近感到困擾或困惑的事。伙伴 B 的角色是表現非語言的同在與專注、反映內容和反映情緒。

3. 五分鐘後，伙伴 A 給伙伴 B 回饋。例如，伙伴 A 可以說：「即使你對我的惱怒的反映不完全到位，我仍然可以感覺到你試著想反映、想瞭解我。你的神態自若，雙手雙腳沒有交叉。你並沒有坐立不安，很有耐心地傾聽。我喜歡你的做法。不過，你似乎不太敢看我的眼睛。」

4. 接下來的五分鐘，伙伴 B 的角色是說說即將面臨的重大決定，伙伴 A 則表現非語言的同在與專注、反映內容和反映情緒。

5. 最後，伙伴 B 給伙伴 A 回饋。

對這個練習，你的感覺如何？

_____

_____

_____

_____

_____

你從中學到什麼？

_____

_____

_____

_____

_____

　　受訓諮商師常不知如何反映情緒，他們只能一再使用相同的詞彙，不知道該依強度調整。例如，看到個案在哭，他們可能只會說：「你看起來似乎有一點難過。」不精確的用詞，如洩氣和不舒服，更是反映不出情緒。

　　有鑑於此，我們鼓勵受訓諮商師充實個人的情緒詞彙。以「情緒詞彙」和「感覺詞彙」等關鍵詞上網搜尋，可以找到數個實用的檔案和網站。我們也建議大家主動參與下列活動。

充實你的情緒詞彙

1. 第一欄列出所有你知道跟「快樂」有關的同義詞。想想如何用情緒詞彙反映強度與發展層次差異。
2. 使用同義詞字典，增加至少 10 個有關「快樂」的詞彙。
3. 第二欄，根據強度排列這些用語。
4. 重複上述活動，在第三欄和第四欄練習「生氣」、「難過」或「害怕」等情緒用語。

快樂	按強度排列	生氣、難過或害怕	按強度排列
_____	_____	_____	_____
_____	_____	_____	_____
_____	_____	_____	_____
_____	_____	_____	_____
_____	_____	_____	_____
_____	_____	_____	_____
_____	_____	_____	_____
_____	_____	_____	_____
_____	_____	_____	_____

———————　　———————　　———————　　———————

———————　　———————　　———————　　———————

———————　　———————　　———————　　———————　　024

———————　　———————　　———————　　———————

———————　　———————　　———————　　———————

———————　　———————　　———————　　———————

澄清

當諮商師不確定個案講的某些事時，澄清（clarification）是必要的反應。澄清也協助個案釐清個人的思緒。澄清可用問句或意圖澄清的重述句（如：「請聽聽看到目前為止，我對你的理解是否正確」）。

下一段例子是**班的家長**。家長暴跳如雷，因為班在學校不斷惹麻煩。注意諮商師如何運用澄清這個技巧來確認他對家長的瞭解正確無誤。

家　　長：我很生氣，因為班又闖禍了。我能做的似乎只是一直來學校處理他惹的麻煩。

諮商師：你對班很生氣也很懊惱，因為你得來學校這麼多趟，卻沒有看到效果。

家　　長：沒錯。我很想體諒他，因為我知道班的限制造成他的行為問題。但有時候我的耐心快被他磨光了。

諮商師：不好意思，我不太知道你說的「限制」是什麼。我只知道他有一些健康方面的狀況。

家　　長：是的，班有氣喘，過敏有時候也會干擾他的注意力。

諮商師：所以你認為班在學校的行為跟他的氣喘有關。

家　　長：班的氣喘常在晚上發作。當然我們得起床，花好幾個小時用吸
　　　　　入器讓他的呼吸恢復正常，過敏季節一到更是雪上加霜。我們
　　　　　通常能讓他穩定下來，但是班也筋疲力盡，沒辦法好好休息。
　　　　　他在學校不能集中注意力，而且很容易心浮氣躁。
諮商師：好，現在我明白了。

025

摘要

　　要開始、轉換或結束諮商晤談時，摘要（summarizing）對專業諮
商師特別有用。摘要讓諮商師掌握晤談的精華和要點或晤談的片段。摘
要證明諮商師確實瞭解個案意圖傳達的訊息。

　　舉例來說，泰瑞卡說了一段話後，諮商師可以回應說：「雖然妳在
這裡已經住了幾個月，但還沒找到社交機會和交到新朋友。對妳來說，
這是一個陌生的經驗，因為妳之前在阿拉巴馬州有很多朋友，可以跟大
家和睦相處。妳覺得很困惑、洩氣，妳不知道接下來會發生什麼事，也
擔心永遠無法融入這裡。」（另一個轉換性摘要的例子，請看 37、38
頁的案例索爾。）

　　摘要後，諮商師可以將晤談引導至問題解決，或繼續傾聽個案的
陳述，協助他探索問題。例如，諮商師要轉換晤談方向時，他可以說：
「在我們談你希望事情如何發展之前，我想要確定我完全瞭解你說的內
容。你很生氣，覺得被老闆背叛，因為一個經驗比你少好幾年的人竟然
能得到你夢寐以求的職位。一方面你想憤而辭職，但另一方面你又無法
想像如何在福利、薪水和年資較少的地方重新開始。你陷入兩難的境
地，覺得很挫敗。」

催化性問題

　　諮商專業對問問題的看法近年來已改變不少。我們這一輩的諮商師是不能問問題的，曾有一位朋友只因在某個諮商晤談錄影帶中問了一個問題，他那次的作業就被退回。我們對問問題的態度沒那麼強硬。不過，我們常聽受訓諮商師抱怨，因為他們無法想像不問問題怎麼進行諮商。

　　我們試著把助人專業工作的問題分成兩類。**獲取資訊型問題**（**information acquisition questions**）是第一種，清楚明白地詢問（如：「你好嗎？」）。的確，有時諮商師須得知明確清楚的資訊，才能做出適當有益的回應。然而，隨著催化技巧進步，諮商師只要好好跟隨、反映和摘要，個案自然就會分享重要的訊息，告訴我們他的生命故事了。

　　催化性問題（**facilitative inquiries**）是第二種問題，用以提升自我覺察、促進反省、反思和探討可能的意義。催化性問題也協助個案釐清目標、擬訂達成目標的計畫、避開阻礙，並將成功類化到生活其他層面。

　　好的問題具有治療效果。然而，須謹記在心的是：我們並不是質詢律師！再者，我們不能用問問題來耗時間或出於好奇心而問問題。確切地說，問問題的目的是要增加自我瞭解、領悟與下定決心面對挑戰。你可以靈活變通問問題的方式，以及出於各種目的而問問題：

026

- 你覺得呢？（詢問想法、感覺和意圖）
- 我有一個想法，想跟你核對一下。（形成暫時性假設）
- 你考慮過哪些可能性？（暗示個案思考過可能性，以及他／她有選擇的自由）
- 你對這三個選項有什麼看法？（鼓勵個案說出想法）
- 這週你會遇到什麼挑戰？（協助個案辨識挑戰及規劃維持進步的

策略）

- 哪一天對你來說最難熬？（暗示困境是正常的現象，也讓個案有機會思考化解困境的方法）
- 我想知道你是否願意談談尼爾森先生。（讓個案自己決定要不要回答，也避開了封閉式問題的陷阱）
- 你如何得知你已做好做決定的準備？（邀請個案具體說明達成目標的指標）
- 我想知道錯過最後期限時，你對自己說了什麼。（聚焦在有助於處遇的認知想法）
- 我想知道應徵一個可能不會成功的工作時，你的感覺和想法是什麼。（協助個案自我瞭解，提升他的信心和勇氣）
- 誰會是第一個注意到你對訓練規則負起責任的人？（指出成功的徵兆，找出可能支持他的人）
- 當你感到洩氣或想要違反訓練規則時，你想獲得誰的支持？（協助個案指出能鼓勵他的人，預防可能的挫敗）

從下一段開始，你將與**索爾**會面，他被上司轉介而來。這種轉介最大的挑戰，就是確認誰才是「個案」（上司還是屬下），以及誰跟治療契約有關。

問問題

詢問能激發深度省思與探索的問題比想像中還要困難。請以下面的個案索爾（他是一間大型汽車經銷商服務部的小主管）進行練習，盡可能提出你想問索爾的問題。

索爾：這是我見過最荒謬的事。我的主管叫我來見你，她認為我很愛生
　　　氣。你說說看，要領導一群腦筋頑固的技術人員，有不氣炸的時
　　　候嗎？當他們把事情搞砸的時候，你以為我能怎麼辦？！

027

_____

_____

_____

_____

_____

_____

_____

_____

　　獲得資訊的諸多挑戰之一，就是不要用問問題來滿足自己的好奇
心。你要常問自己：「我需要知道什麼，才是對個案有幫助的？」和
「我需要知道這個問題的答案嗎？」另一個自我監控的問題是：「我問
這個問題的目的是什麼？」為協助受訓諮商師做決定，我們運用 Gerald
Sklare、Pedro Portes 與 Howard Splete（1985）的模式來評估在諮商晤
談中問問題的效能。從 Sklare、Portes 與 Splete 的圖解中可看出－4 分
到＋4 分問題的效能。請見圖 2.1。

　　不相干的問題要評－4 分，這種問題根本與個案無關。不相干的問
題顯示諮商師的無能、不尊重與抗拒。以索爾為例，－4 分的問題是：
「嘿，我正好想換新車，關於舊車處理，你有什麼建議？」

　　最常見的－3 分問題是「為什麼」的問題，它們會引發防衛反應。
這些問題常出於諮商師的價值觀，聽起來有指控的意味，是溝通的絆腳
石。以索爾剛開始的談話為例，－3 分的問題有：「你為什麼會認為發

028

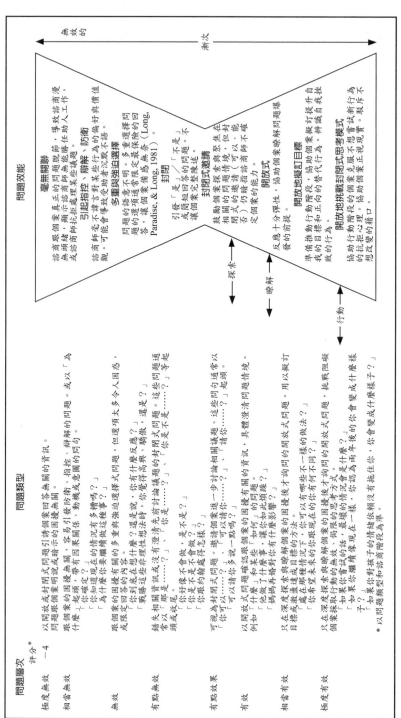

圖 2.1　問題效能模式

資料出處：Sklare, G., Portes, P., & Splete, H. (1985). Developing questioning effectiveness in counseling. *Counselor Education and Supervision, 25*, 12-20. Wiley 授權翻印。

脾氣能讓別人的工作效率提高呢？」或「你為什麼那麼愛生氣，難道你　027
想被開除嗎？」不那麼尖銳的問題還有：「你這禮拜為什麼要生氣？」

　　雖然－2分的問題不會破壞關係，但它們的意思不明或限定對方的
回答內容。多重選擇題是－2分的問題，如：「索爾，你是想談如何管
理屬下，還是想談如何跟你的上司相處呢？我們可以一起找出控制脾
氣的步驟，也可以探討找新工作的方法。」連珠炮問題也是－2分的問
題，例如：「你有多想改變你的生涯規劃？你完全下定決心了嗎？你想
要討論你的生涯選擇嗎？」

　　只能用單詞如「是」或「不是」回答的問題為－1分的問題。這種
問題可以引發較廣泛的自我探索，但有些問法隱含建議的味道，例如：　029
「你是否考慮去上怒氣管理的課程？」

　　封閉式問題也可能被評為＋1分。這種問法的得分較高是因為能邀
請個案進一步探討。問題是個案可能仍以單詞回答，而且答案通常是
「不要」。以索爾為例，＋1分的問題是：「可以請你談談你的發怒方
式，對你的生活造成哪些困擾嗎？」

　　有效能的諮商師最常問的是＋2分的問題。這些問題邀請個案自我
探索，因此，它們能擴展個案反應的深度與廣度。這類問題通常以「如
何」或「什麼」起頭。＋2分的問題如：「你認為發怒對你造成的困擾
有多大？」或「你認為發怒對你造成哪些困擾？」

　　＋3分和＋4分的問題較少使用，要看時機和問法。＋3分的問題
是諮商師和個案都通盤瞭解主述問題之後提出，它們可以導入或強調
目標設立的過程。＋4分的問題通常緊跟著＋3分的問題，這類問題能
強化目標設定的計畫與動機。以索爾為例，這一系列的問題如：「如
果某位技術人員的工作沒有符合公
司的要求，你覺得你有哪些做法可
用？」（＋3）以及「你的內在智慧
發出哪些警訊，提醒你要注意生氣
的徵兆？」（＋4）。

> 小心：如果太快詢問，＋3
> 分和＋4分的問題很可能會變
> 成－4分的問題，因為上文不
> 對下文。

　　回到你回應索爾這個案例所寫下的問題，根據這個模式評分。修改－2分、－1分和＋1分的問題，使這些問題至少能提升到＋2分。

　　問題的類型和頻率是受訓諮商師最大的挑戰。有時候還會落入問題陷阱裡出不來，一個問題接著一個問題，似乎沒完沒了，很快就江郎才盡了。很不幸地，這種對話毫無意義，個案會越來越挫折或等著你發問。如果這種對話持續下去，你們的關係將岌岌可危。

> 避開問題陷阱的策略之一，就是不要說諸如：「我的意思不是這樣，讓我再試著表達一次。」

　　以下的範例顯示諮商師和索爾之間無效與無益的對談，讀起來有喜劇「笑」果 ☺。

索　爾：要讓我的主管滿意根本是不可能的任務，我不認為她有辦法駕馭男人。我們只有一位女性技術人員，我從來沒對她發過脾氣。但要管理一群男人，你不得不嚴厲一點。

諮商師：所以，對你來說，這群技術人員最好都是女性，比較好管理囉？

030　索　爾：不是這個意思。有很多事女人做不來。

諮商師：例如呢？

索　爾：嗯……她們沒辦法提重物，她們對機械的東西一知半解，她們……我不會說……

諮商師：你不是說如果她們都是女的會更好？

索　爾：可能吧！

諮商師：你希望她們全都是女的、全都是男的，還是兩者都有呢？

索　爾：我不知道，可能都男的比較好吧！

諮商師：為什麼？

索　爾：因為我不用擔心會對他們太嚴厲。

諮商師：為什麼你會擔心對他們太嚴厲呢？

索　爾：聽著，我怕被炒魷魚。

諮商師：哦，你希望我怎麼做，才能不讓你被炒魷魚？

　　　　下一段例子的諮商師結合反映與詢問，協助索爾探討他的憤怒議題。透過這種形式的對談，諮商師得以更明白索爾的困境。

索　爾：要讓我的主管滿意根本是不可能的任務，我不認為她有辦法駕馭男人。我們只有一位女性技術人員，我從來沒對她發過脾氣。但要管理一群男人，你不得不嚴厲一點。

諮商師：你認為這是你跟主管之間的問題，而不是在這群技術人員把事情搞砸時對他們發脾氣的問題。

索　爾：我必須讓這群技術人員明白，我不能容許一丁點錯誤。如果不讓他們知道我生氣了，他們就不會知道犯錯的嚴重性。

諮商師：所以，你的怒氣是要防止技術人員犯錯的手段。這是你身為主管的責任之一。

索　爾：沒錯，我不知道還有什麼方法能讓他們尊敬我、知道我是認真的。

諮商師：有幾件事情對你來說很重要，其中之一就是對這群技術人員的工作結果負責，你希望他們把事情做好。

索　爾：對，完全正確。當一輛車上路的時候，我希望車主知道我們把它修理得服服貼貼，可以放心地駕駛它。

諮商師：你希望工作順利完成——不管誰來做都一樣。你希望技術人員尊敬你，把工作做好。你想讓他們知道你對工作的期待，做法就是當他們的工作表現不佳時，痛罵他們一頓。（摘要）

索　爾：就是這樣。

諮商師：如果說有其他更好的方法可以回應技術人員的錯誤，你願意考慮看看嗎？

031

索　爾：我想我會，但是我要看到效果。

諮商師：你的目標是找到減少技術人員犯錯的方法，你也想要這群技術人員尊敬你。

索　爾：沒錯。

諮商師：當你生氣的時候，你跟你的主管之間就會出問題。我在想——生氣到怎樣的程度，對你來說會是個問題？

索　爾：嗯，如果主管認為這是個問題，對我也是個問題。我才不想被炒魷魚。

諮商師：所以你要思考其他對待技術人員方式的理由，是為了讓你的主管滿意。

索　爾：沒錯。有些技術人員被我惹毛了。就是因為他們打小報告，所以主管才會叫我來這裡。

諮商師：聽起來不要發脾氣的另一個好處，就是跟技術人員的關係會變好。

索　爾：是的，不過你要瞭解，不是所有的技術人員都對我有意見。

諮商師：我瞭解，所以你想找新的方法讓技術人員知道錯誤，讓你的主管滿意，又能改善你跟屬下的關係。重要的是你管理的這群技術人員要把工作做好，然後也要尊敬你。（摘要）

索　爾：差不多就是這樣。

諮商師：在我們開始思考回應和達成這個目標的新方法之前，我想先問你一些問題，這有助於我多瞭解你發怒的經驗。有時候生氣似乎是自動化的，但生氣時總會伴隨著某些想法。你是否願意想想你最近一次在工作場合動怒的時刻。當你注意到自己生氣時，那時心裡有什麼想法？

032　索　爾：我不確定，我想是：「看你做的蠢事，早就跟你說過了。」這是我對技術人員說的話。

（本次晤談後段）

諮商師：好，你已經認出生氣時會伴隨出現的想法，非常有幫助。我注
　　　　意到這些想法都跟技術人員如何無能有關，這些想法也害你容
　　　　易動怒。在我們決定採用哪個替代方案前，有沒有其他想法是
　　　　技術人員犯錯時，你可以不用那麼嚴厲的？

索　爾：不知道，我會想想看。

諮商師：很不錯，我們把它當作回家作業吧！

　　　　上述對話只是認知取向晤談的縮減版。索爾或許對他的
能力有些疑惑與擔心，需進一步探索。怒氣管理包含情緒與行
為介入。

　　　　此外，注意諮商師讓索爾自己決定何時從問題情境移動
到設定目標。那個片段顯示諮商師認為索爾已準備好要進入問
題解決的歷程。

　　　　如同這一節一開始所提到的，有些問題是為了獲取資訊。專業助人
工作者要能辨識有用的資訊。他們須克服自身的好奇心，問問題時要謹
慎小心，不要讓對話淪為質問。他們也
要瞭解何時提問以澄清晤談內容才是適
當的時機。問太多問題時，個案提供的
資訊會越來越少，只等著諮商師提問。

　　　我們學會了某些策
略，接下來也要摒棄或避
開其他的陷阱。

小心陷阱

> 諮商師不太可能犯下如表 2.1 的溝通錯誤。看看一些難以察覺的路障範例（如：給建議、質問、讀心術、進行心理分析與貶低），它們可能會干擾諮商晤談進行。

我們已經學習基本的諮商技巧。想跟不同年齡的個案建立穩固的工作關係時，這些技巧特別有用。在這一節，我們要把注意力放在 Thomas Gordon（1970, 1974）原創的溝通路障。即使 Gordon 的路障清單出版日期是四十多年前，當代的學者依然沿用他的概念。Gordon 的溝通路障如表 2.1 所示，範例則是取自其他出處。

雖然我們會避免一直提及受訓諮商師犯的錯誤，但若能指出常見的錯誤，鄭重申明，是指我們還是研究生時常犯的錯誤，會滿有幫助的！以下各段也是須迴避的陷阱範例。

你的感覺如何？

這種問題常出現在電視情境劇中，暗諷心理衛生專業。這種問題有時還滿適當的，但從我們的經驗看來卻是屈指可數。雖然諮商師會在反映中聚焦於個案的情緒，但要求個案確認感覺鮮有助益。得到的回答通常是想法，因此對接下來的談話沒什麼幫助。

> 這些陷阱不限於諮商關係。它們會干擾所有的人際互動，也會阻礙專業晤談。

相反地，有同理心的諮商師會以反映來表現他們對個案思緒與感覺的瞭解，讓對方感受到他們的關懷與理解。如果你真的不確定個案話語背後的情緒是什麼，就用一般探索句來協助你瞭解個案的情況。例如：「聽起來你現在的心裡百感交集。幫我多瞭解有個父親在獄中的心情是什麼。」

表 2.1　溝通路障

路障	範例
下命令	• 現在馬上回家，看到什麼吃什麼。
責備或威嚇	• 如果你這麼做，就是在找麻煩。
說教和長篇大論	• 你對你的工作太不用心了，而且這樣會讓你的父母親傷心。 • 我早就告訴過你，而且已經跟你講 100 遍了，你一定要趕快想想未來的事。
給建議	• 如果我是你，我會跟你的伙伴談談，告訴他我的感受。 • 看開一點，日子還是要過下去。 • 你應該降低期待，有工作做就要偷笑了。
批評與論斷	• 你真的很懶！如果你連試都不試，怎麼可能升職？ • 你的打扮糟透了。
質問	• 你為什麼要這麼做？ • 當你那麼做時，你的腦袋究竟在想什麼？
岔題或改變話題	• 喂，聽說有新的電影上映了？ • 我們去找樂子吧，這樣你就會忘記所有的不愉快。
諷刺	• 你以為事情會怎樣？！ • 太蠢了。
讀心術	• 我知道，你對我生氣是因為我遲到。
安撫	• 你是個好人；我知道你辦得到。 • 過幾天你就會好了。你這麼堅強，一定很快就能熬過去。
進行心理分析	• 我知道你的問題在哪裡。你還在適應你的新家庭。 • 你太自我防衛了。
人比人	• 你以為你很慘？我比你更慘。
貶低	• 再過三個月，你就會全忘了。 • 你不過是庸人自擾。
推論	• 你不過是想激怒我！ • 你這麼做就是想報復我！
打斷	• 很抱歉打斷你，約翰多大了？

資料出處：改自 Gordon 的「溝通 12 路障」。Gordon, 1970, 1974。

034 ## 把好的反映變成詢問

受訓諮商師的反映通常做得不錯，然而，他們對自己較沒自信，所以常會說出：「你對他很生氣，是嗎？」或「你擔心帳單的問題，是嗎？」等回應。雖然這種回應不是致命傷，但可能會變成單字回答，打斷對話進行。

聚焦在第三方

有時候詢問個案對他人的觀點有何想法是很重要的。然而，聚焦在諮商關係以外的人身上，效用微乎其微。個案可能會故意把注意力轉移到朋友和家人身上，而不去探索自己的經驗和感覺。有時候，當個案和諮商師都受不了情緒的重量時，他們會下意識地共謀，把焦點轉移到諮商室外的他人，以免「喘不過氣」。

聚焦在第三方的問句有：「對你即將要上大學，你爸爸的感覺如何？」或「他的目的是什麼？」

混淆想法與感覺

雖然想法（think）和感覺（feel）不是同義詞，但它們常在日常生活對話、甚至專業寫作中互換使用。例如，諮商師可能會說：「你覺得他誣告你。」諮商師或許認為這個回答反映了情緒，但事實上這句話裡並沒有情緒的用詞。

035 我們鼓勵你培養正確使用想法和感覺的習慣。正確的用語能幫助諮商師更精確地反映與切中要點，避免混淆不清，釐清個案的經驗。此外，當諮商師協助個案辨識想法和感覺時，也為認知、行為與問題解決取向的介入策略奠定基礎。

要辨識諮商師想講的是想法還是感覺，就看他的句子裡「覺得」的

後面用的是形容詞還是句子（如：「你覺得她不應該當主管」）。正確的說法應該是：「你認為老闆選她擔任管理職是錯誤的決定。」

低估與高估反映的強度

用正確的強度反映個案的經驗頗具難度。例如，諮商師說：「你覺得有點生氣。」但個案根本是火冒三丈。有時候，模稜兩可的反映會削弱強度，例如：「我不太確定，但面對即將到來的考試，聽起來你好像有點焦慮。」這種句子會減弱諮商師回應的效果，令人懷疑諮商師是不是認為個案的主述問題不重要。事實上，寧願冒險加重同理的反映，也不要淺嚐即止的反映，事後再來說：「同理沒有用」（在受訓諮商師學會正確的反映前，我們曾聽他們這麼批評過）。

反映失焦

受訓諮商師常不知道該怎麼使用精確且有個人特色的用語。例如，某人說：「今天怎麼樣啊？」意思可能是「你今天好嗎？」或「今天過得如何？」有些專業工作者會說：「這裡有一些怒氣。」不用說，怒氣當然不是像空氣般的流動；個案是覺得生氣。當你反映的時候，應該使用清楚、正確、標準的語句。

把建議包裝成問題

受訓諮商師有時很難捨棄「諮商工作不是給建議，也不是告訴個案該怎麼做」這種念頭，這個做法效用不大。如果這麼做有效的話，兒童早就在各方面拔得頭籌，因為他們從太多人那邊聽到太多建議了。

隱微的建議不但沒有效，而且不誠實。例如，「你有請他幫你嗎？」這種問題暗示著「我認為你應該請他幫你。」同樣地，「你為什

麼不支持你的朋友？」也不是個好問題，更不是個好建議。

詢問封閉式問題與設下問題圈套

問兒童和青少年封閉式的問題時，只能得到簡短的答案。由於得到的資訊不足，諮商師通常會再問另一個封閉式問題，陷入問問題的循環中。開放式問題的好處多於封閉式問題。不過，若問太多開放式問題或沒有適當的反映，也可能落入問題陷阱。

吹捧與過獎

雖然諮商師應適當地鼓勵個案，肯定他們的成就，但像「我知道你辦得到」和「你真是個好人」這種話並沒有多大助益。

在你進行第一次的晤談前

不用懷疑，在你第一次進行個別諮商、會見第一個個案，或第一次帶領諮商團體前，一定會緊張得不得了。開始一段諮商關係前，有時候會焦慮或懷疑自己的能力，多年來我們都是這樣！就算是著名的家族治療師 Cark Whitaker，也常提到在會見個案前一樣會忐忑不安，特別是第一次見面的個案。換言之，某種程度的焦慮是正常的。

提醒自己，第一次晤談的重要任務是：催化諮商關係。個案跟我們一樣緊張不安，他們擔心受到批判或指責。有技巧的諮商師會把握最初的幾分鐘，為關係的發展奠定良好基礎和底子，甚至持續到諮商結束（Swift, Greenberg, Whipple, & Kominiak, 2012）。因此，傳達出接納、尊重、溫暖和你對每位個案獨特生活經驗的瞭解，是很重要的。

統整第二站的技巧

　　非語言專注、跟隨、重新敘述、反映、澄清、摘要和催化性問題等並非各自為政的技巧。當諮商師學會運用這些技巧後，益發顯明諮商的藝術價值。工多藝熟，熟能生巧。所以，我們鼓勵你在跟朋友交談或觀察他人時順便練習。例如，利用看電視時練習反映。你可以說：「她看起來很生氣」或「當女孩說可以幫他寫作業時，他很高興。」你也可以在超市等候結帳時跟旁人練習反映技巧。不過要小心！你跟別人交談所花的時間，可能會超乎你的預料！

反映練習

　　閱讀以下每個反映，指出有問題的地方，並寫下改善後的反映。

你覺得你的主管很偏心。

有問題的地方：

_____

改進後：　　　　　　　　　　　　　　　　　　　　　　037

_____

_____

沒有受邀出席姊姊的派對，你又難過又困惑，是嗎？

有問題的地方：

_____

改進後：

_____

_____

男友的家人去度假卻沒有邀請妳，讓妳有點受傷。
有問題的地方：

_____

改進後：

_____

_____

小夥子，有很多感覺正在浮現哦！
有問題的地方：

_____

改進後：

_____

_____

問問題練習

閱讀以下每個問句，指出有問題的地方，並寫下改善後的催化性詢問句。
當你兒子向你解釋大學入學的條件時，你為什麼要無視他呢？
有問題的地方：

_____

改進後： 038

_____

_____

你對她說的話有什麼感覺？

有問題的地方：

_____

改進後：

_____

_____

你是想要報復，還是想要解釋你的狀況？

有問題的地方：

_____

改進後：

_____

_____

你很生氣，是嗎？

有問題的地方：

_____

改進後：

_____

_____

你曾想過要跟老闆談談你對他的感受嗎？

有問題的地方：

_____

改進後：

_____

_____

039　當你的兒子在房間大吵大鬧時，你的伴侶有何感覺？

有問題的地方：

_____

改進後：

_____

_____

想法與感覺練習

仔細看下面各個句子，指出它們對想法和感覺的用法是否正確。

1. 星期五離開公司時，我真想大叫。

2. 我覺得沒有人真正瞭解我的問題。

3. 想到現在就要看牙醫，我就覺得很害怕。

4. 只要附近有蛇，我就覺得毛骨悚然。

5. 當別人稱讚我很聰明時，我高興得像飛上天。

6. 真是氣死我了，我那麼相信朋友，結果她竟然告訴別人我叫她不要說出去的事。

7. 我覺得我在這世上根本沒有朋友。

8. 我剛出車禍，覺得老天待我真不公平。我才剛付第一個月的貸款而已。

9. 星期六時買了幾件新衣服，我覺得很開心，但又擔心怎麼付信用卡帳單。

10. 我覺得史坦利不瞭解我。

反映內容與情緒反映

閱讀每個段落，同時進行內容反映和情緒反映。

伊莎貝拉：我沒辦法參加棒球練習，我必須完成創意寫作的作文。然後又得在爸爸出門採買時充當保姆。事到如今，教練不讓我在週末出賽。管他的，沒什麼大不了。

反映：

_____

_____

_____

戈梅茲先生：我不知道還能做什麼。我做的每件事似乎都事與願違。這班二年級的學生根本是想甩掉我，我只能說他們辦到了。

040

反映：

_____

_____

_____

家長：我對安妮老師班上的學生真的火大。她們對她太壞了，不但直呼其名，藉口參加活動卻不上課，還嘲笑她的穿著。她們真是壞透了！

反映：

_____

_____

_____

研究生：我剛得知我沒得到那份工作。如果再給我一次機會，我會做得
　　　　很好。

反映：

_____

_____

_____

泰奧：真是沒道理。我覺得每件事都很好啊！沒錯，我們之間是有問
　　　題，但用得著離婚嗎？真不敢相信她竟然要離開我！

反映：

_____

_____

_____

催化性問題練習：＋2 分的問法

　　寫下＋2 分的催化性問題，改進以下各問句：

諮商師：你為什麼要我今天得見你？

改進後的問法：

_____

_____

_____

諮商師：你能答應我從明天開始，每天繞走這條街三次嗎？

改進後的問法：

_____

_____

_____

　　　　注意諮商師的偏見如何在無意間影響個案，甚至連地點
也難逃偏見。

諮商師：住在奧勒岡這麼會下雨的州，你的感覺如何？

改進後的問法：

_____

_____

_____

諮商師：你的伴侶對你的表現結果有什麼感覺？

改進後的問法：

_____

_____

_____

調查性問題：今天來參觀的時候，你覺得這些設備還乾淨嗎？

改進後的問法：

_____

_____

_____

催化性問題練習：＋3分的問法

042 　　＋3分的問題提出時機正好，恰能協助個案設立目標。想像你正在跟索爾（本站稍早提到的案例）晤談，你有信心他已確立改變方向。綜合你的風格和對有效問題的瞭解，寫下兩個你可能會問的問題：

問題1：

_____

_____

_____

問題2：

_____

_____

_____

催化性問題練習：＋4分的問法

　　能得到＋4分的問句是以先前的談話內容為底子，向目標達成邁進一步。這種問句能協助個案辨識目標達成過程中的阻礙、挫折和挑戰，預做準備。我們再次以索爾為例，緊接著你剛剛在＋3問句後索爾的回答，寫下兩個＋4問句。

問題1：

_____

_____

_____

問題2：

_____

_____

_____

進階催化性問題練習

　　寫下你認為對羅賓、克里斯和喬登有幫助的催化性問題，也寫出沒有幫助的問法。

羅賓：有什麼用？就算我能回大學念書，我大概也找不到工作。我知道跟我同年紀已經從大學畢業的人都在餐廳當服務生。如果他們用所學謀生，賺的錢不會比當服務生多。

催化性問題： 043

_____

_____

_____

不適當／非催化性的問題：

_____

_____

_____

克里斯：如果你是我，你會怎麼做？你曾想過你是個怪咖嗎？

催化性問題：

_____

_____

_____

不適當／非催化性的問題：

_____

_____

_____

喬登：我不知道。我現在也搞不懂自己，或許我真的有問題。更糟的
　　　是，也許我就是個壞蛋。

催化性問題：

_____

_____

_____

不適當／非催化性的問題：

_____

_____

_____

044　　　　　克里斯和喬登說出來的話，隱含什麼想法和感覺？用反
　　　映、詢問或反映加詢問會更好嗎？（加分題：Slare 等學者會
　　　怎麼評比我們剛提出的問題呢？！）

寫下你認為對羅賓最有幫助的回應。

_____

_____

_____

1. 本站所學的技巧，你覺得哪一個最難？

_____

_____

_____

2. 哪些個人特質有助於你精熟這些基本助人技巧？

_____

_____

_____

3. 跟個案晤談時，可以做什麼來減輕焦慮？

_____

_____

_____

第二站推薦資源

Cowles, J. (1997). Lessons from the little prince: Therapeutic relationships with children. *Professional School Counseling, 1,* 57–60.

　　在這篇妙趣橫生的文章裡，Cowles 生動地描寫與兒童溝通的精髓。她的洞見也可應用在成人身上。

Larsen, D. J., & Stage, R. (2012). Client accounts of hope in early counseling sessions: A qualitative study. *Journal of Counseling and Development, 90,* 45–54.

Norem, K., & Magnuson, S. (2011, March 3). Thoughts along life's journey: Operation disconnect: Communication blocking strategies. *The North Weld Herald,* p. 4. Retrieved from http://nwh.stparchive.com/Archive/NWH/NWH03032011P04.php. (Included in Appendix A.1.)

Norem, K., & Magnuson, S. (2011, March 17). Thoughts along life's journey: Listening—A powerful gift, and the price is right! *The North Weld Herald,* p. 4. Retrieved from http://nwh.stparchive.com/Archive/NWH/NWH03172011p04.php. (Included in Appendix A.2.)

045

第二站參考文獻

Bankart, C. P. (1997). *Talking cures: A history of Western and Eastern psychotherapies*. Pacific Grove, CA: Brooks/Cole.

Gordon, T. (1970). *Parent effectiveness training: A "no-lose" program for raising responsible children*. New York, NY: Peter H. Wyden.

Gordon, T. (1974). *T. E. T.: Teacher effectiveness training*. New York, NY: Peter H. Wyden.

Lambert, M., & Barley, D. E. (2001). Research summary on the therapeutic relationship and psychotherapy outcome. *Psychotherapy: Theory, Research, Practice, and Training, 38,* 357–361.

Norcross, J. C. (2010). The therapeutic relationship. In B. L. Duncan, S. D., Miller, B. E. Wampold, & M. A. Hubble (Eds.), *The heart & soul of change: Delivering what works in therapy* (2nd ed., pp. 113–142). Washington, DC: American Psychological Association.

Rogers, C. R. (1961). *On becoming a person*. Boston, MA: Houghton Mifflin.

Sklare, G., Portes, P., & Splete, H. (1985). Developing questioning effectiveness in counseling. *Counselor Education and Supervision, 25,* 12–20.

Swift, J. K., Greenberg, R. P., Whipple, J. L., & Kominiak, N. (2012). Practice recommendations for reducing premature termination in therapy. *Professional Psychology: Research and Practice, 3,* 379–387.

Wampold, B. E. (2001). *The great psychotherapy debate: Models, methods, and findings*. Mahwah, NJ: Erlbaum.

Watzlawick, P., Beavin, J., & Jackson, D. (1967). *Pragmatics of human behavior: A study of interactional patterns, pathologies, and paradoxes*. New York, NY: Norton.

附錄 A.1

斷了線——阻斷溝通之道

　　真有人想要阻斷溝通之路嗎？有，而且理由很多。例如，當司機希 046
望乘客安靜好讓他專心開車；老師希望學生安靜好讓他把握時間講課；
會議主席希望把談話聚焦在議程上時。

　　溝通路障也可用來操控對話、獲取權力或挑起爭論。更常見的情況
是，人們會在無意間切斷溝通進行。

　　請你回想一個令你覺得碰壁、洩氣或灰頭土臉的對話經驗，跟你
交談的那個人根本沒在聽你說話，好像也不想瞭解你。他／她的態度暗
示著：「我對你說的沒興趣！」再進一步回想一個你不想再談下去的對
話。在你開始分神或失去談話的興趣前，發生了什麼事？

　　諸多領域的專家學者指出面對面談話或透過電子媒介交談的溝通障
礙。無論它們是故意或者無意間設下的路障，仍有必要辨識這些導致溝
通斷線的障礙。

　　以下列出幾個溝通路障和範例。它們是同一間公司的同事李和羅賓
之間的對話。李剛剛說：「我覺得工作好無聊，再也沒那麼有趣了。真
希望它像以前那樣好玩。」想像羅賓會怎麼教訓李一頓。

- 下命令：
　趕快去工作！快想新的企劃案！
　振作一點。不要再抱怨了！

- 給建議：

  換個新工作吧！

  不要再那麼認真工作了。

047

- 試圖讓對方平靜下來：

  你這麼聰明，我相信你一定可以熬過來。

  或許喝杯咖啡吃個甜點，你的心情會好一點。

- 質問：

  你是開完會後才覺得無聊的嗎？

  你真的認為工作應該要有趣又好玩嗎？

- 岔題或改變話題：

  你有沒有聽說堤博的事？

  別說無聊的事了！你該看看我的狗在比賽中做的蠢事！

- 諷刺：

  可憐的電子新貴覺得無聊了。

  過好自己的生活吧！

- 說教：

  有趣和正向的態度是發自內心的。

  你不該一直講工作的壞話，偶爾也要說點好事來聽聽。

- 批評：

  我覺得你最近很愛發牢騷。

  難怪你會覺得無聊，你的工作態度很差。

- 進行心理分析：

  我知道你的問題在哪裡，希望你可以放下防衛心聽我說。

  你累了，你應該要求助。

- 人比人：

  你以為只有你會無聊！讓我告訴你什麼叫無聊。

  幾十來我的工作一點都不有趣。

- 威嚇：

不要再抱怨了，否則我就去告發你。

小心你被開除。

如果對話雙方都覺得滿意，就沒有需要改變。例如，給建議有時候挺受用的，打趣也可以很窩心，下指令可能也有效果。但是當對話讓人越聽越沮喪，可能就要想想是否有些阻礙橫亙其間。

資料出處：Norem, K., & Magnuson, S. (2011, March 3). Thoughts along life's journey: Operation disconnect: Communication blocking strategies. *The North Weld Herald*, p. 4. Retrieved from http://nwh.stparchive.com/Archive/NWH/ NWH03032011p04.php.

附錄 A.2

傾聽——物美價廉的禮物

048　　上一次的專欄我們指出溝通的路障，請你回想某個深覺「斷線」的對話。接下來，我們要注意的是溝通的終南捷徑。

再想想另一段對話場景——你覺得對方瞭解你、接納你、肯定你。你認為對方做了什麼，才能讓你有這種感覺呢？

常見的答案有：(a) 她的眼睛看著我；(b) 他有點頭；(c) 我從他的臉部表情看得出來；(d) 他說的話讓我知道他有在聽；(e) 她放下手邊正在做的事，專心聽我說話——以上都是主動傾聽的要素。

傾聽跟「聽到」不同。傾聽是一套有意表現的、可學習亦可練習的技巧——傳達「我正在聽，而且我關心你說的話！」的技巧。

每當回想起訓練五、六年級的同儕助人者（學校愛心小隊）時，心頭總是暖暖的。我們請研究生、受訓諮商師協助，他們都是優秀的教練，孩子們很快地學會主動傾聽的技巧。訓練接近尾聲時，教練和隊員們教學相長，都發展出很棒的傾聽技巧。事實上，你也辦得到。或許你已經在許多場合練習過我們提供的建議。

1. **全神貫注**：一心多用跟主動傾聽鮮少同步發生。想要有效地傾聽，我們必須心無二用、專心一意。

2. **非語言反應**：非語言的技巧幫助我們專注。例如，面向他人、保持眼神接觸，可以避免心不在焉。

非語言溝通包括聲調、姿勢、肢體動作、臉部表情等。我們用整

個身體在傾聽，如眼神接觸、不交叉雙臂雙腳，以及根據所聽到的內容調整聲調和臉部表情。

非語言訊息比語言訊息更有力量。想像有人對你微笑，溫和地看著你，用輕柔的語調對你說：「我再也受不了你了。」或者想像有人雙手叉腰、瞪著你大吼：「不，我沒有對你生氣。」當語言和非語言訊息不一致時，非語言訊息更有說服力。

049

3. **輕微的鼓勵**：一到兩個字的回應如：「喔」、「當然」和「沒錯」顯示你的真誠投入，不隨便打斷他人。

4. **反映**：推測說話內容蘊含的情緒是另一個策略。聽者可以說：「你真的對老師很不滿。」或「派對去不成，讓你很失望。」反映快樂的說法有：「你很高興你的成績進步了！」或「跟朋友在一起很開心。」

5. **開放式問題**：問問題常妨礙溝通進行。然而，非以「是」或「不是」等簡短語詞回答的問題卻有助於進一步探索。我們可以用問問題的方式邀請對方說出更多細節，但不至於操控談話的方向，例如：「你是如何辦到的？」或「你們的訓練包含哪些內容？」傾聽對你我都是最棒的禮物。如同 Brian Tracy 寫道：「溝通……就像騎腳踏車。如果願意潛心學習，你各方面的生活品質將會突飛猛進、疾行千里！」

資料出處：Norem, K., & Magnuson, S. (2011, March 17). Thoughts along life's journey: Listening—A powerful gift, and the price is right! *The North Weld Herald*, p. 4. Retrieved from http://nwh.stparchive.com/Archive/NWH/NWH03172011p04.php.

第三站　出發

進階催化技巧

在這一站，你將有機會：

- 瞭解同理心在諮商晤談中扮演的角色。
- 練習以反映意義、立即性、自我揭露、挑戰、重新框架和隱喻等技巧回應個案。
- 推論個案的核心意義和整體視野（即捕捉「全貌」）。
- 瞭解治療性的沉默。
- 辨識與避開使用進階技巧的陷阱。
- 在運用諮商技巧與策略時尊重文化差異。
- 探討並瞭解何謂運用自我作為治療工具。

　　這一站一開始，先來複習同理心及它對諮商工作的重要性。你會認識 28 歲有憂鬱症的**傑洛米**，他的重要他人帶給他的是壓力，而非支持。你也會跟非裔、非傳統型的社區大學學生**史賓賽**簡短會面。40 歲的**李卡德**正因離婚面臨人生關卡。**陳琪**的心情很糟，自覺丟臉，因為他的 SAT 分數沒有達到心目中理想大學的錄取標準。你也會進一步了解**索爾**。

051　　　　如前一站所述，預備練習活動是要讓你瞭解專業諮商生涯中會用到的概念與技巧。這些順序、標籤和應用方式都是武斷的劃分。隨著你建立治療關係的經驗越來越嫻熟，你會越來越瞭解個案何時準備好進一步探索他們的議題。探索的步調與判斷何時對哪個個案運用何種技巧就是諮商的藝術。下面的預備練習活動之一，是要學習如何將同理心適當地運用在個案身上。

同理心：理論與研究

　　同理心（empathy）意指有能力正確瞭解他人的想法與感覺，並將此種瞭解傳達給對方知道，讓對方覺得被瞭解。同理心是諮商師最重要的工作，代表諮商師努力地去瞭解兒童和成人知覺到的世界。跟其他技巧比較起來，它好像過分簡單。曾有一位諮商師教育者朋友提到：「同理心，很基本，而且很高深。」

　　Carl Rogers（1980）的研究是受訓諮商師瞭解同理心歷程的寶貴資源：

　　　　　與他人同理同在，包含幾個面向。它意指進入對方私人的知覺世界，徹底安住其中。同理意謂時時刻刻對他人變化中的意義、正經驗到的恐懼、憤怒、敏感、困惑等保持敏銳的覺察。同理意指暫時融入對方的生活，毫無評價地遊走在他的世界裡，意識到對方幾乎習焉不察的意義，但並不全然揭穿這些潛意識的情感，以免嚇壞對方（p. 142）。

　　許多研究者多方檢視同理心對改變的影響力（如：Greenberg, Watson, Elliott, & Bohart, 2001）。根據190篇關於同理心及其效果研究的後設分析，Greenberg與同僚發現，同理心是治療成功的關鍵要

素，亦與個案自覺被治療師瞭解的程度有關。他們重申同理心的本質是：

> 具體來說，有同理心的治療師最主要的任務，就是瞭解沒有用語言說出來的經驗。真正有同理心的治療師不是覆誦個案的話或單純反映語言內容。相反地，他們瞭解整體目標，也瞭解此時此刻顯明或隱微的經驗。同理心精確地捕捉到對方話語中的細微差異與弦外之音，並將之反映給對方參考（p. 383）。

毫無疑問，你已從數門課程中學習同理心及同理的瞭解。你認為同理心是什麼？你如何向他人解釋同理心的意義？你曾有被同理的經驗嗎？你怎麼知道你有同理心呢？

052

_____

_____

_____

_____

_____

_____

_____

專業諮商師運用立即性、自我揭露、挑戰與反映意義等技巧協助個案發展洞察（Hill, 2004）。提升洞察能幫助個案從新的角度思考問題情境與事件，抽絲剝繭找出關聯性，瞭解事情的前因後果（Elliott et al., 1994）。

隨著諮商師的進階技巧日益精進，他們漸能反映核心意義並傳達出對個案整體經驗的瞭解。雖然本站以各自獨立的方式說明這些進階技

巧，但其實它們環環相扣，像交響樂團一般各自演奏，但又譜成一首和諧的樂曲。光靠任一技巧，並不足以奏出交響樂章。

反映意義

對個體的事件和情境反映意義（reflecting meaning）是高層次同理心的表現。

闡明深層意義是專業工作者向個案說明對其內在經驗的瞭解，以及他們對經驗賦予的意義。關於這一點，Arthur W. Combs 與 David M. Gonzalez（1994）認為：「全神貫注在個人的意義上，是所有助人專業領域裡有效諮商師的特色」（p. 171）。Ira David Welch（1998）生動地描述之：

> 事實與資料的言語可謂平淡無奇，枯燥乏味。相較起來，意圖、情緒與意義則暗藏在個人的生命深處。心理治療師凝神諦聽個案敘說故事時的遣詞用句。雜亂無章的說法其實蘊含戲劇、情緒、隱喻和象徵等元素……。在訓練有素的心理治療師耳中聽來，這些漫無章法的用詞在在顯示其間的關聯性，但尋求治療的個體卻渾然不覺（p. 35）。

053　　　文化、價值觀、過往經驗、雙親、先前的諮商經驗等其他動力因素皆會影響特定情境、特定時刻下的意義。因此，反映意義並非易事。由於意義通常以隱微的方式傳達，敏銳的諮商師必須仰賴情緒反映和催化性問題等其他基本技巧，以瞭解個案多樣化的經驗與情境背後的意義。千萬不要小看或忽視你的直覺，當你的經驗越來越豐富，你「消息靈通的直覺」會成為寶貴的資源。

注意諮商師如何深度反映陳琪隱而未說的意義和情緒。

陳　琪：（高三生）我真不敢相信，昨晚我才知道沒有達到 ACT 的標準，所以不能上加州大學了。這是我唯一想念的大學，也是我唯一申請的學校。他們一定弄錯了。我真不敢相信他們竟然這麼笨！我一定要弄清楚究竟是怎麼一回事。

諮商師：你對這件事情很生氣。你覺得絕望又無助，因為你很想念加州大學，根本沒考慮過其他學校。

陳　琪：沒錯，我不想念其他學校。我媽念加大，我爸念加大，我姊念加大，我的朋友念加大，我一定要去念加大。

諮商師：念加大不只對你來說很重要，聽起來也對其他人很重要。

陳　琪：對。我爸媽期待我去念加大，我們的所作所為都是為了念加大。

諮商師：如果你不念加大，好像就會讓家族蒙羞。

陳　琪：嗯，沒錯，我不敢告訴老爸老媽這件事。

諮商師：我有個想法要跟你核對一下。當你剛開始走進來時，你看起來很生氣，你確定有什麼地方弄錯了。但現在的你看起來比較過意不去或羞愧，因為你害爸爸媽媽失望。

　　同樣地，當你看電影、電視節目或讀小說時，找機會反映其中的核心意義。善用螢幕或印刷文字的安全性，演練跟意義有關的進階同理心反映。

用廣角鏡頭捕捉「全貌」

　　當諮商師敏銳地辨識出主題、模式和關聯，就能對個案的觀點和世界觀獲得更多洞察。例如，專業諮商師可以說：「我有一個想法想跟你

054　分享。上週你說你的售車數少於店內頂尖的業務員三輛，你也提到你打保齡球的分數低於 220 分。這週我們談到你的總售車數低於本週的預期目標。我聽到的主題都跟丟掉分數有關。」

從不同的敘述句加強瞭解個案經驗的例子有：

- 連結看似無關的敘述或事件（如：「我們已談過你承受許多來自家庭、工作和親友的壓力。我在想這是不是跟你今天在壁球俱樂部發火有關。」）。
- 指出個案的行為、想法或感覺的主題或模式（如：「當主管、伴侶甚至父母親想控制你的時候，你好像特別容易生氣。當別人老想告訴你該怎麼做時，你有什麼想法？」）。
- 提出瞭解行為、想法、感覺或問題的新架構（如：「你說你不在乎別人怎麼想，但你又說了一大堆被家人、同事和上司的壞話搞得心煩意亂的情況。」）。

上述例子也示範如何進行挑戰。

從較大、主題式的視野理解個案的整體經驗並非易事。諮商師必須以長時間的反映式傾聽去琢磨拼湊、仔細咀嚼。在諮商關係的催化下，個案有時亦能在諮商中以一己之力看出他們的模式與主題。

立即性

立即性（immediacy）是最令人困惑和抽象的諮商技巧之一，但它的效果卓著。諮商師運用立即性與個案討論諮商關係、晤談過程中的對話互動，或對個案某個特殊行為的反應。立即性有時是用來討論諮商師—個案的關係，邀請個案檢視諮商關係的效能。如：「我們已經晤談四

個禮拜了，你是否願意談談我們之間的關係目前進展狀況如何。」

其他的立即性反應跟晤談中的特殊事件或時刻有關。如：「我有一種感覺，好像我們之間發生了一些狀況。幾分鐘前我們還頗有共識地談某個重要的話題，但突然間，我跟你彷彿失去了連結。」具體的

> 完形取向的諮商師經常運用立即性來增加覺察。

描述詞，如個案的臉部表情或談論某話題的行為，都可以提升立即性的效果。例如，學校諮商師可以說：「我注意到當我提到該結束時，你看起來似乎有些難過。你好像跟班上同學處得不好，讓你還比較想留在這裡。」

055

　　在下一段對話裡，諮商師對傑洛米的問題和傑洛米跟他的互動進行後設溝通（meta-communicates）（對溝通進行再溝通）。諮商師運用立即性來探討傑洛米是不是覺得諮商師「很煩」。

傑洛米：我不知道該怎麼辦。我的未婚妻對我火冒三丈，我的爸媽也是氣沖沖的，我的上司只會咆哮，我甚至不想管野馬隊（Broncos）會怎樣了，什麼都無所謂了。

諮商師：你對很多事灰心洩氣。周遭的重要他人一個個大發雷霆，使得橄欖球隊現在也變得不重要了。

傑洛米：仙黛爾說我一天到晚喜怒無常，她受不了要一直取悅我。老媽也說我的脾氣很壞。我在座位上發呆沒把工作做完時，老闆就只會罵我。我真的很疲累，也想搞懂我究竟怎麼了。

諮商師：你現在心情很煩亂也很不快樂。聽起來你對別人的意見和建議很不滿。

傑洛米：他們真的是吃飽太閒愛管閒事，只會叫我要振作。為什麼他們就是不肯讓我做自己？

諮商師：每個人都希望你振作起來。我想，坐在另一個希望你露出笑容
　　　　和快樂的人身邊，可能是你最不想做的事，但是你今天依然遵
　　　　守約定來了。

傑洛米：還好啦！

諮商師：好。不過我還是覺得似乎有件事很困擾你。

傑洛米：哈，還好，我還可以處理，我只是希望大家不要再管我了。

諮商師：我會躊躇不前，是因為我擔心我可能會惹你不高興而不自知。
　　　　如果我也有讓你感到不愉快的地方，希望你能讓我知道。（立
　　　　即性）

傑洛米：哈，你不會的。

諮商師：沒關係，到時候再說。如果你覺得被我「煩到了」，請告訴我
　　　　一聲，我會回頭想想你剛剛說的話。你方才提到不再覺得橄欖
　　　　球比賽有趣，又說：「什麼都無所謂了。」聽起來你最近很消
　　　　沉，甚至有憂鬱傾向了。

056　　　　專業諮商師的工作對象多元，有不同的年齡、種族、社經地位、宗
教等等。立即性可以縮短這些差異、減少誤解。從文化差異的脈絡出發
的說法包括：「這對你來說很重要，我也想瞭解它對你的意義是什麼。
你可以多解釋一點讓我明白嗎？」另一種常見的立即性說法是：「我有
一種感覺，我剛剛說的話並不是很貼切」。

　　　　立即性的效果不同凡響，但於此同時，它也可能嚇壞兒童和成人。
因此運用立即性技巧時，必須考量幾個因素。立即性也可能出自諮商師
自私的議題和需求。專業諮商師應審慎考量時機、關係和使用該技巧的
目的。立即性也可搭配自我揭露，下一節會討論到。

　　　　回想一個你最近從某人身上接收到覺得「不對勁」或令人混淆的訊
息。寫下能傳達出你的想法，但又不會委曲求全或破壞關係的立即性技
巧。用「我訊息」陳述你的說法：當你_____時，我覺得_____，
因為_____。

_____

_____

_____

_____

_____

_____

_____

自我揭露

　　自我揭露（self-disclosure）是諮商師有意地揭露個人的生活經驗等資訊。自我揭露可以協助諮商師藉由共同的經驗或感受，向個案傳達出對他的瞭解。跟其他技巧一樣，自我揭露有不相關到極度隱私之別。許多因素，如時機和關係的和諧程度，會影響自我揭露的效果。因此，諮商師在自我揭露時必須明智審慎，符合以下準則：

- 內容與個案的年紀相稱。
- 個案認為揭露的內容跟他們的問題相關（Welch & Gonzalez, 1999）。
- 目的是為了促進個案的自我瞭解或改變（Welch & Gonzalez, 1999）。
- 揭露的內容簡短（Welch & Gonzalez, 1999）。
- 揭露是為了協助個案，而不是滿足諮商師揭露的需要或渴望。
- 揭露的頻率相對不多。不常揭露犯的錯比太常揭露犯的錯還好處理。

　　對某些個案而言，聽到另一個人分享跟他們的問題情境類似的經驗，會讓他們又驚又喜。適時的自我揭露能讓個案覺得被瞭解，強化和諮商師的關係，也協助他們澄清想法感受，「正常化」他們的經驗。例

如我（本書第一作者）有時會說：「陷在離婚與否的兩難已經是 30 年前了，但我仍記得那種深刻的痛苦。」個案聽到後常見的反應是深深嘆了一口氣，或說：「原來妳懂這種感覺。」

敏銳的諮商師自我揭露時會小心謹慎。幾個跟自我揭露有關的風險是，暗示個案的經驗跟諮商師的經驗差不多。「我知道你的感覺」等說法或建議就像在輕視個案。有些個案堅信他們的經驗獨一無二，諮商師的揭露會讓他們覺得被瞧不起或蔑視。根據不正確的相似或相異假設所做的自我揭露可能會妨礙治療。

諮商師揭露時必須辨明個案詢問的私人問題。兒童或成人常問：「你有小孩嗎？」或「你幾歲？」他們也會詢問跟宗教有關的問題，例如：「你去哪個教會？」前述羅列的準則也適用這些情境，但最好能盡快將問題的焦點回到個案身上。以下面李卡德和伊恩的對話為例：

李卡德：我當然很生氣。你聽過太太離開你，轉身投向你的好朋友的懷抱這種事嗎？

伊　恩：一方面，你覺得很受傷，因為你太太離你而去；另一方面，你又很氣惱，因為她和你的好朋友聯手背叛你。

李卡德：難道你不會生氣？

伊　恩：我會，而且會很沮喪。我可能還會有其他的情緒，例如難堪或被羞辱。你也會這樣嗎？

注意伊恩如何回應李卡德提出的下一個問題，但並沒有在對話中進一步自我揭露：

李卡德：我不知道我該怎麼辦。你說呢？

伊　恩：你動彈不得，希望有人可以給你一個方向。你也希望你的太太能改變心意，你更希望我能告訴你該怎麼讓她回心轉意。

如你所見，李卡德的問題道出他的經驗和渴望。伊恩可以揭露自己以前的經驗，甚至給李卡德建議，把談話的焦點轉到他自己身上。但十

有八九不會有幫助，而且會越難把焦點拉回到李卡德的問題上。

　　注意在社區大學擔任諮商師的瑪麗亞如何在下一段與史　　　058
賓賽的對話中，運用立即性和自我揭露揭示彼此的差異。

瑪麗亞：史賓賽，我一直在思考一件事情。從你開始上大學以來，我們
　　　　已經晤談一個學期了。這段期間我們談了很多事情，我們談到
　　　　彼此間相似的地方，也談到不同的地方。不用說，我是年紀比
　　　　你稍大的拉丁裔女性，而你是非裔學生，有時我會擔心我說的
　　　　話或做的事是否讓你覺得別具意涵。

史賓賽：妳的意思是？

瑪麗亞：例如，幾分鐘前你談到你的朋友，你擔心上大學會影響你跟他
　　　　的關係。我微笑著聽你說，然後我們很快地切換到別的話題。
　　　　我在想，是不是我微笑的方式讓你覺得我不在乎你的問題──
　　　　好像祖母級的人物在暗示你：「不要擔心這種蠢事。」

史賓賽：我沒有這麼想。提起這件事讓我覺得很尷尬，或許是我覺得那
　　　　對妳而言不重要。

瑪麗亞：謝謝你的體貼，史賓賽。你對朋友的關心讓我很感動，所以我
　　　　才會微笑著聽你說。

　　想到要在諮商中自我揭露時，哪個話題會讓你不自在？
　　你曾在日常對話中揭露一些資訊，因為你的揭露讓談話的焦點改變
或轉移，使你事後感到懊悔嗎？

_____

_____

_____

　　回想你最近跟某人發生的（小）衝突或尷尬經驗。想像一個能正確

揭露你的經驗的說法，但又不會讓你覺得委屈或危害你們的關係。同樣地，我們鼓勵你以「我訊息」的公式開始（如：當你＿＿＿＿＿時，我覺得＿＿＿＿＿，因為＿＿＿＿＿。我希望＿＿＿＿＿。）

_____

_____

_____

挑戰

挑戰（challenging），有時又稱為面質，是闡明不一致（前後矛盾或歧異）的反應。例如，你注意到個案的話語和面部表情、價值觀和行為、目標或渴望與行為、言行之間的不一致。挑戰邀請個案探索相互矛盾的想法與感覺。諮商師觀察到的不一致可能暗示個案的猶豫不決與徬徨不定。

適當地回應不一致的方式有：

- 我聽到你說你很快樂，每件事都很好。但你的臉看起來很憂傷，你的眼睛好像剛哭過般的紅腫。

- 你說：「我很好」，但你的拳頭緊握，音量變大且堅定。它們似乎在說：「我很生氣。」

- 你提到跟別人第一次見面時會很不自在，因為你很害羞。但今天我們第一次見面，我覺得你活潑又有自信。

- 你提到你想有所作為，好早一點升職，但你也說為了和朋友去看球賽，這週蹺掉了兩個會議。這兩件事似乎不太相符。

- 有件事我想跟你核對一下。你對凱的關係似乎多所保留，但你又繼續跟她出去約會。

- 我希望我們下週見面前，你可以想想我下面說的話。你說過你多

麼想當醫生，但你也告訴我你討厭和病人在一起，看到血的時候胃很不舒服。你不喜歡科學，對於要開始謀職賺錢很焦慮。

還記得在第二站時，你用反映回應伊莎貝拉。現在試著用不同的方式回應她。你會怎麼說？

伊莎貝拉：我沒辦法參加棒球練習，我必須完成創意寫作的作文。然後又得在爸爸出門採買時充當保姆。事到如今，教練不讓我在週末出賽。管他的，沒什麼大不了。

挑戰是專業諮商師很重要的工作之一。不過，我們建議你挑戰的時候要用不會讓個案防衛的說法和表達方式。敏銳的諮商師會持續觀察個案的反應，尤其是非語言的反應。

有效能的諮商師會依據穩固的諮商關係、適當的時機和體貼的話語提出挑戰。有效能的諮商師會示範語言和非語言溝通的真誠一致，特別是在使用挑戰技巧的時候。他們會主動留意個案對挑戰的反應，再根據個案的反應做出回應。

060

在第二站時，你曾與 45 歲的**索爾**簡短晤談。自高中畢業後，他就在汽車業任職。近 10 年來，索爾須督導某大型經銷商服務部門的幾位技術人員。汽車服務業在索爾的職業生涯裡發生劇大轉變。但他絲毫未與時代脫節，對他管理的部門的優異表現深感自豪。

家庭史：索爾的祖父母在 20 世紀初從挪威移居到北愛荷華。他們和其他的家人胼手胝足，終於擁有自己的農場。他的外祖父生於瑞典，在 19 世紀末移民到堪薩斯州的 Lindsborg，

任職於鐵路公司一陣子後終於攢下一筆錢，也買了一座農場。索爾的外祖母也生於瑞典，在 1900 年時移民到東堪薩斯，以裁縫為生。索爾的外祖父母相識於堪薩斯州的瑞典路德教會。

索爾的雙親結識於朋友的婚禮。索爾的父親是愛荷華州有名的地主。索爾的母親也是位女裁縫師，在自家經營紡識工廠，生意興隆。

索爾有兩位哥哥，一對雙胞胎妹妹。他的哥哥負責照顧農作物與牲畜，和父親一起管理農場。索爾有修理機械、拖拉機和各種器具的天賦，年輕時候就是家族事業的主力。

索爾跟父母親、哥哥、妹妹的感情很好，但他認為農場的收入不足以負擔全家的開支。索爾在當地的汽車修護場找了一份兼職工作，靠這一行的薪水過著衣食無缺的生活。

索爾育有一子，名叫伯恩，今年 16 歲。他們的親子感情不錯。

注意諮商師在整段對話中，如何用反映和催化性問題來挑戰。

諮商師：從上禮拜見面以來，你的狀況如何？

索　爾：很好。

諮商師：我聽到你說「很好」，但你的臉色和肩膀看起來似乎不是那麼好（挑戰）。

索　爾：（停頓一下）我沒有對任何人發脾氣，有幾次是差一點發火，但就在我要對某位員工爆粗口之前，我馬上意會到我在做什麼，因此立刻就住口了。（停頓）我是有對兒子發脾氣。

諮商師：即使工作時難免生氣，你還是沒讓自己失控。你是怎麼辦到的？

索　爾：我不知道。可能是擔心又被主管叫去罵吧！

諮商師：在你發火之前，你想過被罵的可能性，有助於你控制脾氣。

（停頓）你也提到你對伯恩發脾氣。

索　　爾：星期二我接到學校的電話，說他蹺課。晚上我回到家，卻看到他沒在上學前去倒垃圾。我想跟他聊聊，他卻表現出一副沒什麼大不了的樣子，不想甩我，我真的被他惹毛了。我沒有出手打他，但我對他破口大罵，罰他禁足一星期。（停頓）過了一會兒，我才覺得對他太嚴厲了，我沒有給他機會告訴我他的想法。

諮商師：在花點時間思考跟伯恩之間的事情後，你很後悔沒有聽他怎麼說。

索　　爾：沒錯。我跟伯恩的關係很好，我想繼續維持下去。我希望他順利完成學業，學會負起責任。

諮商師：你重視和伯恩的關係，你也希望他好好讀書。（停頓）上個禮拜，我請你特別留意動怒或發脾氣前的想法。這週你有注意到什麼嗎？

索　　爾：在職場上，我會害怕主管再次責怪我。有兩個技術人員老是丟三落四，犯下愚蠢的錯誤。如果他們多用點心或好好做，我認為事情不會弄得一團亂。

諮商師：所以你告訴自己：「我在旁邊看著就好，才不會惹麻煩。但技術人員會犯那麼離譜的錯，表示他們很不用心。」你的意思是這樣嗎？

索　　爾：差不多。

諮商師：對伯恩發脾氣時，你心裡在想什麼？

索　　爾：那不一樣，不過我也認為他不夠關心自己的課業，也沒有做好他在家裡分內的工作。

諮商師：不管是技術人員還是你兒子，你都認為他們不夠負責——至少不像你認為的那樣負責。但你似乎沒有告訴他們你的想法。

（停頓一下）

諮商師：你提到你後悔沒有聽兒子的說法，擔心跟你的主管處不好。雖

　　　　　　　　　然沒有很肯定，但我想拋出另一種可能性。當你兒子和技術人員把事情搞砸，你是否會擔心你無法幫他們學會認真負起個人的責任。

索　　爾：嗯，我必須承認有時我並不覺得那些技術人員會全力以赴把工作做好。光是讓他們知道做事老是忘東忘西或事情做錯了是不夠的。我認為我該對他們使出強硬手段，但有時我也懷疑這麼做會有效果。

諮商師：我不太瞭解你說「對他們使出強硬手段」是什麼意思。你如何對他們使出強硬手段？（澄清）

索　　爾：我不是說要打他們，是要嚴厲斥責他們。

諮商師：對你的兒子伯恩，你希望你的做法要不一樣嗎——在你訓斥他之前，先聽聽他的說法。

索　　爾：是的，他做不好的時候，我必須讓他知道，因為我不想破壞我們的關係。

諮商師：你擔心破壞你和伯恩之間的關係。

索　　爾：我聽說有些父母親沒法跟青少年溝通，我不希望這種事發生在我跟伯恩身上。

諮商師：索爾，我注意到對伯恩和對技術人員，你的怒氣來自於你認為他們應該做的不做，或不該做的卻做了，你覺得他們根本不在乎自己的本分。你想控制對伯恩的怒氣，但你似乎不想改善職場的發怒問題。（停頓）對此你有什麼想法？（挑戰）

　　謹記挑戰的目的是很重要的，它最初的功能是澄清顯而易見的不一致之處。突顯不一致才能增加覺察、促進改變。挑戰以暗喻的方式反映，增加個案的自我覺察，催化他們反思與內省。

　　想想你關心的某人——朋友、親戚或同事皆可，想像此人正從事自我挫敗的行為。寫下不會委曲求全或破壞關係的挑戰技巧。同樣地，用「我訊息」陳述你的說法。

_____

_____

_____

_____

　　當你看電影、影片或電視節目（甚至閱讀小說）時，別忘了找機會　　063
練習挑戰技巧。以合理但不至於讓對方防衛的方式表現挑戰技巧。善用
螢幕或印刷文字的安全性，放手一試吧！

重新框架

　　馬克吐溫的經典名作《湯姆歷險記》是重新框架的經典範例。雖然
湯姆把粉刷籬笆視為苦差事，但他很機靈地說服班這是個百年難得一見
的機會，成功地用苦差事換得一顆蘋果。一時之間，其他小朋友蜂擁而
至，爭相用各式各樣的玩具和小玩意交換粉刷籬笆的樂趣。用馬克吐溫
的話來說，湯姆「用新的角度解讀（粉刷籬笆）」。

　　Samuel T. Gladding（2011）將治療性的重新框架（therapeutic
reframing）定義為：「從不同和較正面的角度解釋問題情境，改變知
覺方式的歷程……。由於用全新的眼光看問題情境，重新框架使個體得
以產生新的反應」（p. 131）。例如，我們常會將兩歲兒童的行為視為
學習獨立與探索世界。如果某人被說成冥頑不靈，我們也可以說他是意
志堅定。我們亦可邀請憂心如焚的父母親，思考如何將孩子的問題行為
轉化為寶貴的禮物。

　　Paul Watzlawick、John H. Weakland 與 Richard Fisch（1974）都是
早期善於運用重新框架催化個案改變的佼佼者。他們解釋道：

　　　　我們對世界的經驗是建立在將知覺到的客體分門別類。

這些類別是心理建構的產物，形成一套與眾不同的真實，與客體本身無關。分類的根據不僅依客體的物理特徵，也特別會依該客體對我們的意義和價值重要性歸類。

　　一旦客體被歸為某個類別，就很難再將其歸為其他類別。客體的類別被稱為「真實」，其他不是以此類別看待此客體的人，必定是瘋子或壞人。再者，從這個簡單的假設進一步推演出另一個同樣簡單的假設，認同該類別的人不但頭腦清楚，還很「誠實」、「真誠」。而不是……

　　重新框架能成為改變的有效工具，就在於當我們覺知到別的分類方式後，便不會再輕易掉入先前的陷阱或繼續被之前的「真實」困擾（pp. 98-99）。

　　重新框架，意指改變既定經驗的概念和（或）情緒狀態或觀點，置於另一個同樣符合「事實」、甚至更好的框架中，由此改變它整個意義（p. 95）。

064　　　透過重新框架，諮商師挑戰既定的假設，提供個案另一種看待問題情境及世界觀的視野。諮商師挑戰僵化固著的類別。當諮商師暗示「讓我們從另一個角度來看吧」（一種介入方式，奠基於現實是主觀的且可由諮商師共同創造的假設），個案獲得重新創造自身現實的框架。透過重新框架，諮商師不露聲色地把問題界定為「這個問題可以解決，答案就在你的掌握之中」，從而灌輸個案希望（Larsen & Stege, 2012）。

　　不管用隱微或直接的方式，重新框架都是一種有效的介入策略。重新框架（有時又稱為「正向解讀」）擴展個案外顯的訊息，以另一種意義或敘述方式闡釋個案的行為和經驗，特別是從關係的脈絡重新解讀。

　　表 3.1 的第一欄列出常用來描述兒童、青少年或成人的說法。第二欄我們用其他較善意或積極的方式重新描述。

表 3.1 重新框架範例

原始的訊息／特質	重新框架後的訊息／特質
她正是「可怕的兩歲兒」。	她現在的任務正是探索外在世界，你看她做得多好！
他很頑固（或死心眼）。	他的意志堅定。
這個孩子既霸道又專制。	我們的工作就是協助她善用天生的領導特質。
她真是個長舌婦！	她的口才真好！她真的很合群！
他們有停止爭吵過嗎？	他們真的花了很多時間對話！我很高興看到他們交談得如此熱烈！
這是個可怕的問題。	這是約翰學習和成長的機會。
她很不友善──有時還很刻薄。	她還沒學到要善待他人。
他靜不下來，因為他有 ADHD。	他還不知道該怎麼控制 ADHD 症狀，所以還沒學會在課堂上專心。
她的表現好多了，因為藥物發揮作用了。	你如何得知是她靠自己的力量控制了動作，還是藥物發揮了作用？

　　重新框架是緩和怒氣的利器。注意下一段對話的校長如何將怒氣重新框架為關心。

校長：嗨，很高興你們今天過來這裡，請坐（以手勢邀請家長入座）。　　065
　　　　請問你們來的原因是？
家長：（怒氣沖沖）我的女兒沒有得到應有的良好教育。她的老師根本
　　　　不適任，應該要開除她。
校長：很高興聽到你們關心她的課業，表示你們希望她有所學習。
家長：你說對了，我是很關心丹妮絲的受教權，我希望教她的是有能力
　　　　的老師，我不能放任學校和老師白領薪水。

校長：我尊重你對老師的要求，老師的確應該協助學生學習。這就是為
　　　什麼我很高興你來了，這樣我們可以齊心合力尋找適合令嬡的最
　　　佳學習方式。
　　　告訴我丹妮絲跟你們說了什麼，我們一起來探討該採取哪些方
　　　式，幫助她得到更好的教育。

　　回想你或跟你要好的某人原先帶有負面意涵的特質，完成表 3.2，
重新框架這些敘述句，賦予它們正向的意涵。

表 3.2　重新框架練習

原始的訊息／特質	重新框架後的訊息／特質

運用隱喻

　　隱喻（metaphors）在經驗與話語間搭起無遠弗屆的橋樑。隱喻有
助於洞察與瞭解。諮商師也會運用隱喻傳達同理心。

066　　　我們回想起同事和個案間的一段對話。個案說：「我覺得我正走
在鋼索上。」諮商師問他：「你的安全網在哪裡？」個案和諮商師使用
的言詞比字面上的含意更能傳達出深度的意涵與張力。這個隱喻比光說
「我很脆弱」更能貼切地說明脆弱與危險的感覺與經驗。

諮商中常用的隱喻如下：

- 她一向是你的眼中釘。
- 有人在暗中拆你的台。
- 你的軸承掉了。（譯註：意指「你迷失了方向」。）
- 你一向是這個家的中流砥柱，但現在你累了。
- 你厭倦了處處碰壁。
- 誰知半路殺出程咬金。
- 你中獎了！（譯註：意指「你辦到了！」）
- 你贏了這一回合！

隱喻也有風險。例如，口語對話具有文化特性，個案可能因不瞭解諮商師的意思，而覺得被誤解或困惑。由於隱喻是一種抽象的說法，因此對方需有高層次的認知思考功能，否則個案可能無法瞭解隱喻和他們的經驗之間有何關聯。

沉默

受訓諮商師常覺得沉默很棘手，尤其當個案沒有立即回應一個反映時，10 秒鐘可能像永恆那麼久。但個案沉默的理由不一。他們可能不知道要說什麼、不知道你想聽到什麼。他們很在乎諮商師的反應，想思考或消化你說的話。尊重個案的沉默，但打斷沉默以緩解個案的不安，特別是諮商的早期階段，也是尊重的表現。

有時候，沉默是因為受訓諮商師問了一大堆封閉式、沒有價值的問題。一旦他們的問題用盡，個案跟諮商師都不知道接下來能說什麼。個案有時會對一連串的問題和建議退怯。觀察他們的非語言行為，好像在說：「聽著！我已經跟這個問題纏鬥很久了。你才認識我 40 分鐘，就自以為能輕而易舉地解決它嗎？」

有經驗的諮商師會克服自身的不安，專注在個案的經驗上。他們對沉默處之泰然，知道個案需要時間好好思索諮商師的回應和詢問，需要時間想想諮商師說的立即性和挑戰。他們需要時間反芻思考。

判定沉默何時有益和有治療效果，何時是逃避策略或焦慮的表現並不容易。然而，有經驗的諮商師會學習信賴他們「消息靈通的直覺」。他們用同理心和觀察技巧判定沉默是有利於治療，還是不利於治療。如果不確定，適時地詢問：「你現在怎麼了？」或說「如果你正在思考我剛剛說的話，那我就不打擾你。」有時候，更直截了當地詢問：「我不確定你正在猶豫要說什麼，還是你不想談這個話題了？」會更有助益。

067

> 沉默跟步調有關。有些個案的說話速度較慢，句子和句子間的停頓時間長，或延長回答問題的時間。有些個案則是焦慮時說話速度特別快。
>
> 若諮商師的說話速度和反應速度快時，也會逐漸加速步調。此時沉默可以讓人喘口氣或減輕焦慮。
>
> 諮商師可以用說話速度和鎮定聲調來影響步調進行。

進階技巧：注意事項

在第二站時，我們列出並示範「小心陷阱」。隨著進階技巧的複雜度提高，這一路上亦佈滿荊棘羅網。因此，我們也提供幾個準則讓你避開這些圈套。

問問題？戒了吧

自我揭露、立即性、重新框架和挑戰的影響力非凡，因此要讓它們各司其政、各盡其職。再多問題可能會干擾或曲解它們的力量。就算用了這些技巧後，沉默隨之而至也沒關係。沉默意味著個案正在努力消

化、理解或沈思你說的內容。

言簡意賅

簡潔有力的回應跟進階技巧同等重要。一個句子就足夠了。回應太長會讓個案無所適從，不知你要講的重點何在。

目的是催化，而非離間

以面質的態度提出挑戰會破壞關係，製造嫌隙。挑戰的重點是諮商師覺察到個案的話語、言行、目標與行為、語言與非語言等有不一致與前後矛盾的地方。指出這些不一致，但也信任個案有意願解決。

「我—你」關係才是重點

立即性是你和個案在某一特定時刻的關係。立即性不是挑戰，它是諮商師道出或關心你們之間的治療同盟品質。

重新框架，重新歸類

068

透過重新框架，諮商師對個案的經驗提出不同的解釋。他們說的不一定是「真相」，只是在提出假設。重新框架和吹捧與過獎大相逕庭（如第二站所述）。

傾聽個案潛藏的自我對話

個案未必能覺察到核心意義，可能也不會訴諸於言語。當我們仔細傾聽個案敘說的每一面向和說話方式時，方能領略底下潛藏的意義。

採「兩者」（and/so）而非「擇一」（either/or）的觀點

　　進階技巧不能取代精要技巧。它們都是諮商師和個案晤談時，須合作無間、相輔相成的反應庫。提出挑戰並聽完個案的看法後，反映是較好的做法，立即性也合適。

「和」（and）比「但是」（but）更有用處

　　用「和」而非「但是」連結矛盾的地方（挑戰），考量多種意義與含意。

安撫並非萬靈丹

　　請重讀第二站的「溝通路障」。「你是個很棒的人」這種說法通常聽來像吹捧。有效能的諮商師以鼓勵代表讚賞。他們也不會說出有評價意味的話，如：「你好聰明。」

四兩撥千金

　　把爭論留給同儕和手足吧：當個案說出自我貶抑的話時，急於否定或規勸只會適得其反。反映和高層次同理心還比較管用。

不要畫蛇添足

　　解釋你的口語介入策略會削弱效果。要信任個案能瞭解你的揭露、挑戰、隱喻和重新框架。

時機與步調至關重要

　　好的反應若在錯誤的時機提出，則會既失靈且阻礙諮商關係發展。
留意時機和步調是必要的。

尊重文化差異

　　我們已花了很多時間學習尊重、真誠、同理心和投入等基本技巧和
進階技巧。文化反應意識（cultural responsiveness）沒有包含在這些技
巧之內。不過，有能力的專業工作者會依個案的多元背景而有不同的表
現方式。

　　意思是說有文化反應意識的專業工作者會避免使用這些介入策略
或技巧嗎？不見得。相反地，有文化敏感度的諮商師會以尊重和欣賞的
態度邀請並與個案一起合作。運用立即性或自我揭露等技巧有助於開啟
討論文化差異的話題，在安全的諮商（或諮詢）關係下，這樣的對話能
協助諮商師從非主流的文化背景瞭解個案的生活脈絡。例如，與剛移民
過來的個案晤談時，諮商師可以說：「你在韓國家鄉的生活跟在蒙哥馬
利郡的生活截然不同，孩子們就讀的學校也有天壤之別。當我們談到你
的家人和找工作的困難時，我有時會擔心你會不自在，因為我是白人，
從沒去過韓國。事實上，因為我一直住在阿拉巴馬州，所以直到起亞
（Kia）公司在此設廠前，我對汽車工業一無所知。」這樣的自我揭露
邀請個案一起來探討文化差異，瞭解文化差異對關係的影響，準備適應
新的環境。

運用自我作為治療工具

　　跟諮商師的風格與取向有關的共同因素研究，一致強調諮商關係的重要性。Ted P. Asay 與 Michael J. Lambert（1999）指出四個影響諮商效果的因素：利治療變項（extra therapeutic variables），如個案的動機、優勢和資源（40%）；與治療師有關的共同因素，如溫暖、無條件積極關注、同理心、真誠（30%）；希望、期待和安慰劑效應（15%）；取向或技術（15%）。一開始他們認為這些因素彼此獨立、互不干涉。

　　經過進一步的研究後，發現這些因素並非壁壘分明。事實上，它們息息相關、輔車相依（Hubble, Duncan, Miller, & Wampold, 2010）。從這些研究可看出以下重要的結論與含意：

1. 諮商師必須瞭解個案的動機、優勢、資源、功能水準、社經地位、對諮商的準備度等「利治療」變項。諮商計畫應納入這些要素。
2. 諮商師必須對他們使用的模式取向有信心。諮商師發展與實行治療計畫時，也要協助個案瞭解和參與，雙方同心協力、合作無間。
3. 個案對諮商計畫和目標的認同，能加強他們對諮商的希望感和期待，從而提升諮商效果。

070　　Bruce E. Wampold（2010）認為這個研究最終的含意是要回答這個問題：「專業治療師該如何提升治療的品質呢？」Wampold 的回答是：

　　　　這個問題的答案很簡單，而且適用於學習任何技巧時：不斷練習，尋求回饋。學習、練習，並尋求外在環境和專家的

回饋。沒有回饋，學習任何技巧皆徒勞無功（p. 71）。

　　Mark A. Hubble、Barry L. Duncan、Scott D. Miller 與 Bruce E. Wampold（2010）從這些研究得出另一個結論：「許多實證文獻證明，治療師是最有力的效果預測因子」（p. 38）。他們進而強調：「我們認為治療師使用的模式取向，不會比治療師使用與其信念與價值觀（忠誠）相符的舉動，同時培養個案的希望感（期待）來得重要」（p. 37）。諮商師對治療歷程的影響力包括催化關係、選擇和自身信念與價值觀相符的模式取向、提升個案的希望感與期待。諮商師亦能影響利治療變項，如個案的動機、優勢和資源。

　　當然，有效能的諮商師其人格特質與風格殊異。最有成效的諮商師特質尚無定論。不過，諮商師與個案建立治療同盟的能力似乎是諮商師最重要的任務之一。哪些諮商師的特質有利於形成治療同盟呢？試以我們早期的研究來說明（Norem & Magnuson, 1997）。我們發現實習期間有助於提升表現的特質有：心理健康、動機、熟練基本技巧和忍耐力。我們希望未來的研究能更完整地解說「諮商師這個人」的特質，也指出培養這些特質的途徑。

　　我們認為結合你的天賦才能和人格特質，加上應有的態度與必備技巧來建立治療同盟，就是運用自我作為治療工具。這趟成為有效能的專業諮商師的旅程的諸多任務之一，就是培養你毫不做作、真誠一致的風格。當你和個案建立堅實治療同盟的技巧愈益成熟，經驗越來越豐富，接受不同的督導和良師的指導，你的風格極有可能改變和擴展。剛開始的時候，這些技巧或許看來裝模作樣和生疏呆板，但最終目標是要整合精要技巧與你個人的風格和人格。磨練進階技巧後，重讀第一站有關諮商師的發展，你或許更能心領神會，融會貫通。

　　你對「運用自我」有什麼看法？當你絞盡腦汁寫下反映、避免問問題，並試著理解對方和督導對你的要求時，你要如何「運用自我」？

071

_____

_____

_____

_____

統整第三站的技巧

　　想像你與一位護理學校的學生晤談，她的主述問題是考試焦慮。你很困惑，因為瑪洛蕾的在校成績優良，考試無往不利。你不認為你完全理解瑪洛蕾的經驗。你想瞭解瑪洛蕾的焦慮和敘述中隱含的核心意義。你的回應包括立即性、挑戰和自我揭露。

瑪洛蕾：我不知道該怎麼應付州證照考試。一碰到考試，我的胃就痛。　　我真的很笨，我討厭考試！

- 潛在的核心意義：瑪洛蕾懷疑她能否勝任護理工作的重責大任。她或許覺得自卑和無能。她可能認為證照考試失敗等於做人失敗。

- 立即性：瑪洛蕾，當我問妳問題，妳似乎很不安——甚至憂心忡忡的樣子。妳是否認為回答我的問題也像考試一樣可怕。

- 挑戰：雖然妳的在校成績一直很好，但妳仍然對州證照考試焦慮不已。

- 自我揭露：大學時代參加考試時，我胃裡好像有一群蝴蝶在翻攪騷動。

　　注意這段揭露中運用的隱喻。

　　寫下你對愛德華多使用的自我揭露、挑戰、重新框架等技巧。請注意，反映內容和情緒反映是最重要、最有幫助的反應。這裡是要練習進

階技巧，但不表示該優先使用進階技巧。

愛德華多是一個七年級男生，他在新學校交不到朋友。有時候，他會以攻擊性的言詞表達他的挫折。從先前學校的紀錄發現他有同儕相處方面的問題。愛德華多每星期見你二至三次，你跟他的關係可能是他在這個學校裡最重視的關係。愛德華多是你帶領的七年級男生團體中的成員之一，但是他並沒有規律參加。

愛德華多：每個人都在挑我毛病、嘲笑我，午餐時間沒有人願意跟我同桌。這個學校真是爛透了！我想轉回原來的學校！

潛在的核心意義：

072

_____

_____

立即性：

_____

_____

挑戰：

_____

_____

自我揭露：

_____

_____

重新框架：

_____

_____

你已經很熟悉索爾了。想像第四次晤談後他的評論意見，想想你該如何反應。

索爾：我不想再晤談了，我沒辦法在一個綁手綁腳的環境下工作，我只要再找個新工作就得了。

潛在的核心意義：

_____

_____

立即性：

_____

_____

挑戰：

_____

_____

073　自我揭露：

_____

_____

重新框架：

_____

_____

希望以下的參考答案對你有幫助！

潛在的核心意義：索爾很受傷，他從沒有過這樣的經驗。他可能覺得職場規則變了，或主管的期待跟以前不一樣。他受到責難，非常害怕。因為兒子的關係，他也想好好檢討他的發

怒習慣，掙扎著是否該放棄。但是，他還不知道該如何不靠怒氣就能發揮影響力。

立即性：我覺得我跟你之間的連結斷了——跟我們上一次談話完全不一樣。

挑戰：上一次晤談你說要找到控制怒氣的方法，今天你卻說不生氣會做不下去。

自我揭露：幾年前我曾被同事投訴。那段日子不好過，我也曾想辭職。

重新框架：你很在乎你的工作和工廠。要你不要用原有的方式管理似乎強人所難。

38 歲的女性珍妮絲，跟你談到她在婦女選民聯盟（League of Women Voters）裡沒有成就感，領導者不適任，她想要退出，不想再當會員了。她也提到不滿其他兩個社區機構，已經中止援助。依據她對婦女選民聯盟的主張和活動經驗，你相信她有領導的潛能。

潛在的核心意義：

_____

_____

立即性：

_____

_____

挑戰：

_____

_____

自我揭露：

_____

_____

重新框架：

_____

_____

思考你可以用哪些隱喻回應瑪洛蕾、愛德華多、索爾、珍妮絲。

_____

_____

_____

_____

_____

　　Janelle Cowles（1997）認為有效的諮商關係創造出獨特的親密氛圍。在這段短暫的晤談期間，諮商師敞開自我全力接納另一個人的經驗，面臨直視他人也直視自我的弔詭局面。這就是站在「仿如」位置的本質。跟個案在一起的時候，諮商師也在面對他自身的焦慮、恐懼、憤怒與沮喪……。此種親密讓人望而生畏，需要鼓起很大的勇氣（p. 58）。

讀完這一段話，你有什麼感想？

_____

_____

_____

_____

_____

回想一段你曾深感脆弱的時期。你個人的痛苦或兒時經驗可能會在諮商晤談中誘發出你的弱點。

075

_____

_____

_____

_____

_____

你如何認清自己的焦慮或弱點，並把你和個案的經驗劃分清楚？

_____

_____

_____

_____

_____

Cowles（1997）也主張：

　　和兒童晤談的諮商師特別容易跳過建立關係的歷程……。
或許是因為我們沒有真心相信兒童有建立深度關係的能力，
抑或是我們認為兒童可以很快地跟別人建立關係，關係已然
存在，以至於我們鮮少付出心力，不覺得要多做些什麼（p.
58）。

同樣地，你對這段話有何想法和反應？

_____

_____

_____

_____

你如何確定你跟兒童與成人個案的關係已穩固到可以進入問題解決階段，或該採行其他策略了？

076

_____

_____

_____

_____

_____

第三站推薦資源

Burns, G. (2001). *101 healing stories: Using metaphors in therapy.* New York, NY: Wiley.

Larsen, D. J., & Stege, R. (2012). Client accounts of hope in early counseling sessions: A qualitative study. *Journal of Counseling and Development, 90,* 45–54.

Neukrug, E., Bayne, H., Lashauna Dean-Nganga, L., & Pusateri, C. (2013). Creative and novel approaches to empathy: A neo-Rogerian perspective. *Journal of Mental Health Counseling, 35,* 29–42.

Ottens, A. J., & Klein, J. F. (2005). Common factors: Where the soul of counseling and psychotherapy resides. *Journal of Humanistic Counseling, Education, and Development, 44,* 32–45.

第三站參考文獻

Asay, T. P., & Lambert, M. J. (1999). The determinants of treatment outcomes. In M. A. Hubble, B. L. Duncan, & S. D. Miller (Eds.), *The heart & soul of change: What works in therapy* (pp. 28–50). Washington, DC: American Psychological Association.

Combs, A. W., & Gonzalez, D. M. (1994). *Helping relationships: Basic concepts for the helping professions* (4th ed.). Boston, MA: Allyn & Bacon.

Cowles, J. (1997). Lessons from the little prince: Therapeutic relationships with children. *Professional School Counseling, 1,* 57–60.

Elliott, R., Shapiro, D. A., Firth-Cozens, J., Stiles, W. B., Hardy, G. E., & Llewelyn, S. P. (1994). Comprehensive process analysis of insight events in cognitive-behavioral and psychodynamic-interpersonal psychotherapies. *Journal of Counseling Psychology, 41,* 449–463.

Gladding, S. (2011). *The counseling dictionary: Concise definitions of frequently used terms* (3rd ed.). Upper Saddle River, NJ: Prentice Hall.

Greenberg, L. S., Watson, J. C., Elliott, R., & Bohart, A. C. (2001). Empathy. *Psychotherapy, 38,* 380–384.

Hill, C. E. (2004). *Helping skills: Facilitating exploration, insight, and action* (2nd ed.). Washington, DC: American Psychological Association.

Hubble, M. A., Duncan, B. L., Miller, S. D., & Wampold, B. E. (2010). Introduction. In B. L. Duncan, S. D., Miller, B. E. Wampold, & M. A. Hubble (Eds.), *The heart & soul of change: Delivering what works in therapy* (2nd ed., pp. 23–46). Washington, DC: American Psychological Association.

Larsen, D. J., & Stege, R. (2012). Client accounts of hope in early counseling sessions: A qualitative study. *Journal of Counseling and Development, 90,* 45–54.

Norem, K. E., & Magnuson, S. L. (1997). Predicting success of students enrolled in masters level counselor education programs with a structured interview: Preliminary findings. *Alabama Counseling Association Journal, 23,* 33–43.

Rogers, C. R. (1980). *A way of being.* Boston, MA: Houghton Mifflin.

Wampold, B. E. (2010). The research evidence for the common factors model: A historically situated perspective. In B. L. Duncan, S. D., Miller, B. E. Wampold, & M. A. Hubble (Eds.), *The heart & soul of change: Delivering what works in therapy* (2nd ed., pp. 48–81). Washington, DC: American Psychological Association.

Watzlawick, P., Weakland, J. H., & Fisch, R. (1974). *Change: Principles of problem formation and problem resolution.* New York, NY: Norton.

Welch, I. D. (1998). *The path of psychotherapy: Matters of the heart.* Pacific Grove, CA: Brooks/Cole.

Welch, I. D., & Gonzalez, D. M. (1999). *The process of counseling and psychotherapy: Matters of skill.* Pacific Grove, CA: Brooks/Cole.

077

第四站　與理論同行

統整與個人化

在這一站，你將有機會：

- 就相關性及與你的適配性來評估理論。
- 探討理論整合的過程。
- 思考你在多元場域協助多元個案時，可用的理論與技術。
- 認識效果研究和具實徵支持之介入策略的重要性。

　　看起來我們似乎偏離了精要技巧的路線。非也，第四站是要將缺乏理論基礎的溝通技巧置於理論與取向的脈絡中，擴充為專業諮商範式。特意自發地將基本技巧整合至有理論基礎的工作架構中，是受訓諮商師很重要的前進方向。

　　開始瀏覽這一站之前，有數點導覽說明。雖然本站不是要「老王賣瓜」，但身為專業諮商師，分享我們對理論的看法實有必要。我們也會提出建議，讓你瞭解跟個案晤談時，如何將理論整合為適用的、有意義的工作架構。

催化改變

對於我們一直強調基本技巧和進階技巧，卻未提及可影響改變的策略，受訓諮商師有時會面露不耐之色。當受訓者覺得他們對基礎技巧運用自如後，我們常聽他們詢問或暗示：「接下來呢？」

Carl Rogers（1957）主張在穩固的諮商關係下，真誠一致、無條件積極關注和同理的瞭解是改變的「必要且充分條件」（p. 95）。與失戀或喪親的個案晤談時，我們認為那是必要、充分且適當的條件。僅僅是向有反應、有同理心的傾聽者訴說故事，其間的價值不言自明。

對某些有社交、情緒、行為或心理健康問題的人，我們認為 Rogers 說的條件必要且充分，但效率不彰。基本與進階助人技巧為諮商的舞台打下基礎。也就是說，當我們與個案建立關係，使其願意投入，共同商討取得目標共識後，下一步就是要選擇能協助個案達成目標的策略。選擇策略須評估的標準有：理論取向、有實證基礎的介入策略、諮商師本身的價值觀、個案的能力、問題（含環境的阻礙），以及個案對介入策略的接受度。

> 規劃這一站時，我們以伴侶諮商的典型順序為藍圖。初次晤談是要瞭解他們的關係、故事及碰到的困難。我們會先概述工作方向，建立治療契約。第二次晤談時，我們會教導必要的溝通技巧和衝突解決技巧。接下來數週由伴侶練習和精熟這些技巧，並一起探討原生家庭的影響。
>
> 上述順序跟我們講授見習課程的教學順序如出一轍。我們會在第一堂課教導精要技巧，接下來數堂課則磨練技巧，協助班上同學將這些技巧與他們的理論背景結合。

079

我們對理論的看法

理論無所不在，但有時又隱晦不明、虛無縹緲。儘管如此，論述理論亦所在多有。我們對理論的看法有幾點假設，茲分述如下：

1. 實施任一形式的諮商時，若採用未能清楚陳述人性觀和諮商師如何有效達成改變的理論，是危險且違反專業責任的做法。
2. 有用的理論是多向度的（multidimensional），它能夠說明：(a) 人性觀；(b) 幸福觀與滿足觀；(c) 何謂成熟與功能良好的個體；(d) 概念化與解釋個案問題情境的工作架構；(e) 專業助人工作者如何催化改變。此外，有用的理論還要有實徵證據支持。
3. 諮商師不能沒有理論。諮商不能獨立於理論而存在。

若心理健康專業工作者忽略以理論引導諮商工作的重要性，就會冒著將自身經驗當成理論灌輸給他人的危險。我（指本書第一作者）就時常告訴受訓諮商師，Magnusonion 理論（譯註：指作者本人）尚未通過時間考驗，也沒有經過專業界的審查。為避免我濫用 Magnusonion 理論，我必須有意地選用備受推崇的諮商理論，監控 Magnusonion 理論（即：我的傾向、意見和解決問題的方法）不使其擅自闖入。

Maslow（1965）一針見血地指出，心理健康專業人員有從自身參考架構出發的傾向。雖然不能在此完整介紹《人本觀點的心理學》（*Humanistic Viewpoints in Psychology*）（Severin, 1965, pp. 17-34）一書，但我們摘錄其中一段，敘述當代 21 世紀心理健康專業工作人員面臨的挑戰。

　　每個人，就算是一歲小兒，都有他的人性觀。寄生於此世，我們不可能不對別人的行為舉止形成看法。每位心理學家，不管是實證主義者或宣稱反理論者，內心仍有一套人性觀

的邏輯，就算他否認到底，他依然被這張若隱若現的地圖引導。即使學有所長，依舊難以撼動或修正。這張潛意識的地圖或理論對他的影響，遠遠超過他　力消化的實證知識……。這已經不是要不要有心理學的問題，而是它是潛意識心理學還是意識心理學（p. 23）。

從許多方面來看，理論就像地圖。地圖當然很管用，但也只限定於某些區域。例如，給想去懷俄明州夏延市找一棟辦公大樓的人一張科羅拉多州格里市的地圖，不可能派得上用場。如果某人想找一棟位於塔城市阿拉巴馬大學內的建築物，一張美國地圖幾乎幫不上忙。給旅行者一張地形圖，其作用也是微乎其微。

地圖協助人們組織旅遊計畫等資訊，也協助人們組織知覺，但這些知覺常會限制個人的觀點。例如，空照圖的視野就跟高速公路地圖或天氣圖的視野截然不同。

你可能聽過一句諺語：「地圖不等於疆域」（The map is not the territory）。如果你手上拿的是植物園地圖，你就不太可能有宏觀的視野。很多時候，當人們依循地圖指示，眼前所找的只是路標或地標，忽略了沿途的絕妙風景、鳥語花香、草木扶疏。因此，如果你想體會兜風的樂趣，就不要只盯著地圖瞧。同樣地，只遵循單一理論提供的觀點，會讓你無法瞭解個案敘說中的錯綜複雜與豐富奇妙。

諮商理論亦是如此。就像地圖有很多種，理論也有很多種——生涯理論、發展理論、認知行為理論等等。用錯理論

你再三練習的基本技巧並非專屬於某個特定的理論取向。建立有效諮商關係的技巧適用於所有個案。某位理論學家提出的諮商目標與技術可以跟其他的理論相輔相成。例如，角色扮演是完形治療學派用來體驗覺察的技術。透過角色扮演增加個案的覺察也適合其他的理論取向。行為取向也會使用角色扮演技術，協助個案練習建立關係技巧。

（如：理論跟主述問題牴觸），不但使理論毫無用武之地，還可能造成反效果。例如，僅依憑認知行為取向，對喪親個案於事無補。完形理論對藥物上癮個案可能無濟於事。

再者，諮商師會在不同的諮商階段運用不同的理論。他們通常會以一種取向建立融洽關係，瞭解個案的問題情境。有了這些資訊後，諮商師再從其他理論汲取策略以設立目標，實施改變計畫。不過，擷取多種理論時，必須建立一套連貫、一致性的統整過程。

081

理論整合與折衷主義

質疑、對話、爭論結合或整合理論的可行性與否已不下數十年。有些學者認為使用一種理論綽綽有餘。1960 年代，Arnold Lazarus 提出的 BASIC ID 模式（行為、情緒、感官、想像、認知、人際關係、藥物和生物介入的首字母縮寫）更引發諸多爭議論戰。例如 Hans Eysenck（1970）就主張：「把不同的治療模式折衷混合……除了把治療理論搞得亂七八糟、治療程序東拼西揍、治療方法雜亂無章、治療活動漫無章法，既無邏輯條理又禁不起考驗外，沒有一丁點好處」（p. 145）。他又說：

> 我們需要的……是脈絡分明、能具體說明應用程序與個案類型的理論。這些程序應能傳承，也應接受嚴格的成本效益評估。尤有甚之，它們應該從理論的角度持續接受嚴謹的審視。我們最不滿、最不該做的，就是心理治療師以默不作聲和唯我獨尊的態度，以說不出所以然的程序進行治療。對個案的治療效果模稜兩可，可能有效，也可能有害。

撇開這些讓人瞠目咋舌的措詞外，你對 Eysenck 的說法和預言有什麼想

法？

_____

_____

_____

Eysenck 的評論與當代的實務工作有何關聯？從 Eysenck 的主張思考當代的手冊式治療法（manualized treatment）所面臨到的挑戰。

082

_____

_____

_____

想要輕輕鬆鬆地瞭解 1993 年前的理論發展始末，請閱讀 Andrew Beale（1993）的「給實務工作者的當代諮商取向回顧」（Contemporary Counseling Approaches: A Review for the Practitioner）。或許你能回答 Beale 博士的機智妙問！

40 年後，Wampold（2010）提出他個人的觀點，力抗 Eysenck 的主張。Bruce E. Wampold 認為信守理論是必要的。但他也挑戰理論不可或缺的觀念。研究顯示，對理論唯命是從、食古不化，不但無益於治療效果，甚且有害無利。

統整與個人化

專業諮商可不是機械式的依樣畫葫蘆。隨著諮商師的成長與磨練，他們從接案、閱讀書籍與期刊文獻、參加研討會、接受督導及各式各樣的繼續教育中學習精進。換句話說，建構理論是專業諮商師要承諾終其一生學習和成長的目標，一趟沒有終點的旅程。

旅程的前幾哩路是最崎嶇難行的，也是地圖最能派上用場的時候

——但是，能讓你用來最順手的地圖，就是你自己用心去整合既有理論和技術，成為適於你和你的工作場合使用的諮商架構。

理論的選擇與應用是諮商歷程個人化（personalization）的一環。受訓諮商師通常會選擇一個主要理論，整合其他理論的精髓。他們要在晤談中不斷地反思和精鍊理論取向，將研究結果和最新的實務發展納入考量。隨著專業度越來越成熟，他們要根據每位個案的獨特需求和個性，調整與設計治療方式。

我們要鼓勵諮商師以多重取向邁向專業精熟。這不是要你放棄你的信念成為反理論者，也不是要你在霧裡看花。相反地，我們希望你往建構廣泛理論庫的方向擬訂成長計畫，如此一來你才能以多元化的工作方式回應個案的多樣問題情境。

Richard Watts（1993）的四階段模式，概述初步建構理論認同與個人化的歷程。他的模式是最適用於本站的地圖。

個人化第一步：探索個人的價值觀與重要的理論

第一步要特意花些時間思忖、辨析甚至測試你個人的核心信念與價值觀。這個自我評估的過程包括：與人格發展有關的信念、問題的起因、有利於解決問題的情況，以及諮商師在催化改變以克服問題上所擔任的角色。

我們曾要求你在專業準備路程中的任何重要時刻，都要去思索你的各種假設。你也思考過人如何改變，以及諮商師如何催化改變的歷程。當你越來越會特意評估不同的諮商理論，累積經驗增長見識之後，重新思索你的假設……很多次，仍是件很重要的事。現在，我們要用更明確聚焦的問題鼓勵你繼續這個過程。

083

請迅速寫下你對下列問題的反應：

剛出生的小嬰兒是＿＿＿＿＿＿＿＿＿＿＿＿＿＿＿＿＿＿＿

（如：天真無邪的、純潔的、狡猾的、易受傷害的）

人天生就有＿＿＿＿＿＿＿＿＿＿＿＿＿＿＿＿＿的傾向。

（如：非理性思考、成長與改變、愛、恐懼、退縮）

當＿＿＿＿＿＿＿＿＿＿＿＿＿＿＿＿時，個體就會成長。

當＿＿＿＿＿＿＿＿＿＿＿＿＿時，個體會改變他們的行為。

我在個別諮商關係中擔任的角色是＿＿＿＿＿＿＿＿＿＿。

我最沒辦法藉由＿＿＿＿＿＿＿＿來有效協助個案克服問題。

盡可能具體地寫下你對下列問題的反應：

當個案遭逢物質濫用、兒童虐待、家庭暴力、性行為偏差等問題時，遺傳與環境對改變的相應影響力為何？

＿＿＿＿＿＿＿＿＿＿＿＿＿＿＿＿＿＿＿＿＿＿＿＿

＿＿＿＿＿＿＿＿＿＿＿＿＿＿＿＿＿＿＿＿＿＿＿＿

＿＿＿＿＿＿＿＿＿＿＿＿＿＿＿＿＿＿＿＿＿＿＿＿

有哪些因素（如：生理、家庭、環境）會造成心理、情緒和精神疾病問題？

＿＿＿＿＿＿＿＿＿＿＿＿＿＿＿＿＿＿＿＿＿＿＿＿

＿＿＿＿＿＿＿＿＿＿＿＿＿＿＿＿＿＿＿＿＿＿＿＿

＿＿＿＿＿＿＿＿＿＿＿＿＿＿＿＿＿＿＿＿＿＿＿＿

個案的原生家庭經驗，和你對專業諮商師這個工作的願景有多大的關聯？

＿＿＿＿＿＿＿＿＿＿＿＿＿＿＿＿＿＿＿＿＿＿＿＿

＿＿＿＿＿＿＿＿＿＿＿＿＿＿＿＿＿＿＿＿＿＿＿＿

＿＿＿＿＿＿＿＿＿＿＿＿＿＿＿＿＿＿＿＿＿＿＿＿

你個人的信仰與價值觀，跟你最青睞的理論間有何相似之處？　　　084

_____

_____

_____

　　在這個活動裡，你要寫下 8 或 10 個基本信念。我們曾在
「我們對理論的看法」這一小節裡提到三個基本假設。其他的
例子還有：

我們的座右銘

- 專業諮商師不是萬事通。整個專業生涯必有無法充分瞭解
  個案問題情境的時候。因此，規劃與投入終生學習勢在必
  行。我們致力於閱讀專業期刊，參加專業組織。
- 諮商師與個案的關係佔有舉足輕重的地位。我們必須時時
  留意，傳達出溫暖、無條件積極關注、同理心、真誠一致
  與尊重。
- 這個社會的每一份子都有責任提供促進兒童成長、教育與
  健康發展的環境。
- 賦能個案是諮商師最重要的責任。

　　想想 8 到 10 個在個人及專業領域（如：靈性、生理、家庭）等各
方面，你最堅不可摧的價值觀、主張與信念。例如，你確信協助兒童的
唯一方式是透過兒童中心遊戲治療；或堅信唯有戒癮 12 步驟才能治療
物質濫用患者；或認為離婚絕對是大錯特錯；或有相當虔誠的宗教信
仰。無庸置疑，寫下你的核心信念和價值觀的過程要花數天的時間。到
第七站時，我們還會回過頭來看這個過程。即使我們伴你同行的這趟旅
程結束，仍然希望你繼續維持下去，不要止步中斷。

_____

_____

_____

085　_____

_____

_____

_____

_____

_____

_____

_____

_____

_____

_____

_____

_____

_____

　　你已研讀多種理論，可能也額外讀了一些你感興趣的理論。當此時，你覺得哪三或四種理論最好懂、最符合你的核心信念，能成為你將來從事專業諮商師工作的指南針？

_____

_____

_____

_____

_____

個人化第二步：審視一或兩種理論

這一步會著重在選擇、探究和審視幾種理論。這個過程會引發你來來回回、奔波往返於第二步與第一步之間。

這不是一學期就能輕易完成的任務。若你臨近大學圖書館，我們鼓勵你把握時間閱讀原典。例如，若你喜歡個人中心取向，就該閱讀 Rogers 寫的書。如果你偏好認知取向，請閱讀 Albert Ellis、Aaron T. Beck 或 Donald Meichenbaum 撰述的書。

086

有幾個不錯的問卷可協助實習專業工作者根據工作型態初步選取主要的理論（如，Selective Theory Sorter，修訂版，Halbur & Halbur, 2011, pp. 27-31）。回答這些評量工具的結果有時會讓實習專業工作者眼睛一亮，增加自我瞭解。

現在，開始把你的思考方向限定在你喜歡且你認為對個案有幫助的理論上。你會使用哪些技術？它們最適合諮商的哪個階段？這些介入策略如何協助你的個案達成目標？你如何調和不同理論的精華？

_____

_____

_____

_____

_____

_____

_____

_____

_____

個人化第三步：統整

我們先前提到，專業諮商師鮮少只倚重一種理論。的確，一種理論不可能適用或有助於所有的諮商情境。此外，每種理論亦可擷取他種理論的技術。因此，當代的專業諮商師傾向於統整理論。

這一站的重點是思考內部一致性的問題。換句話說，這些取向是否能有效地整合？例如，如果你堅信早期幼年經驗是行為的主因，選擇理論（choice theory）就不太符合你的信念。但是，你也可以將選擇理論和 Alfred W. Adler 的個體心理學（individual psychology）整合在一起。

087

個人化第四步：個人化！

（目前為止）最後一步是個人化。身為一位專業諮商師，跟每位個案建立諮商關係時，你有你的個性和互動風格。當你越來越熟悉專業角色與各種理論，你也會有更多機會將理論、經驗和人格整合成有意義的、真誠一致的諮商風格。

Watts 強調，理論建構、統整與個人化的歷程縱貫專業諮商師的一生。抽絲剝繭、去蕪存菁、深度瞭解、多方涉獵和個人發展是循環往復與動態變化的過程。專心致志和潛心學習是專業成熟與秀出班行的不二法門。

尋思跟你的價值觀、信念、人格和諮商風格最適配的理論時，想想你將來工作的對象與議題。你建構的理論最適用於哪種問題或挑戰？

_____

_____

_____

　　面對哪種問題情境或個案，你需要修正你所偏好的理論取向？（例如，你很喜歡認知與行為理論取向或現實治療。面對父母意外雙亡的兒童，你有什麼地方需要修正？）

_____

_____

_____

　　我們在前一站介紹過索爾。請思考你需要哪些資訊來協助他。斟酌各種理論後，哪種取向最契合或最能幫助索爾？

_____

_____

_____

　　請說明你和索爾晤談時，會如何整合理論，會使用哪些技術或介入策略。

實徵證據與臨床判斷的重要性

088

　　你的核心信念與價值觀除了須與理論的宗旨相符外，你也必須考慮理論是否有實徵證據支持。有哪些證據支持該理論能有效協助處理個案的特定問題？諮商師必須訴諸實徵證據，證實其偏好採用的理論具有實徵效果（Shapiro, 2009）。

　　當代進行實務工作時，雖然實徵證據的重要性不言而喻，但它卻不能取代臨床判斷（Shapiro, 2009）。研究者以特定個案群體來驗證取向的有效性，不過，他們卻沒辦法從臨床工作者那裡蒐集到每一位個案的資料，掛一漏萬在所難免。問題的起因、讓問題行為繼續存在的因素、特徵，以及在初次晤談時蒐集的種種資訊，皆應納入實徵支持取向考

量。

　　為索爾規劃治療計畫時，有哪些以實證為基礎的介入策略可考慮採用？

　　臨近這一站的尾聲，我們希望你開始打理以理論為基礎的技巧庫和策略庫，用系統化的方式開箱協助個案。你可以想想有哪些理論適於協助正處於人生轉換期的個案，或哪些理論適用於失戀和喪親的個案。你也要找其他的策略來協助較棘手的問題，如物質濫用、缺乏人生目標或罹患焦慮症。當然也要考慮個案的年齡以及你的工作場合。

　　我們也鼓勵你考慮套裝式的技術與模式（如：遊戲和團體）。雖然我們並未對這些技術和介入策略多所著墨，但仍鼓勵你探究一番。以下列出數種取向、策略與技術，當然還有許多方法，不計其數。希望你能去思考該如何搭配這些取向，或將它們整合至你偏好的理論中（表4.1）。

表4.1　諮商取向、策略與技術

在諮商中使用玩具
遊戲治療
在諮商中使用沙盤和迷你物件
在諮商中使用合作性遊戲
在諮商中使用藝術
冒險諮商
說故事
互說故事（mutual storytelling）
隱喻諮商

表4.1　諮商取向、策略與技術（續）

眼動減敏與歷程更新治療（EMDR）
接納與許諾治療（acceptantce and commitment therapy）
生理回饋
神經回饋（neurofeedback）
外化（敘事治療）
治療性書信寫作
讀書治療
影片諮商
語句完成活動
空椅法（完形學派）
角色扮演
動機性晤談（motivational interviewing）
音樂治療
舞蹈治療
馬兒治療（equine therapy）
動物輔助治療
家族治療
親子遊戲治療
催眠治療
親子互動治療
團體諮商
心理教育
心理劇
特殊理論取向（theory-specific approaches）

第四站推薦資源

Gladding, S. (2011). *The creative arts in counseling* (4th ed.). Alexandria, VA: American Counseling Association.

Hosford Counseling and Psychological Services Clinic at University of California, Santa Barbara. (n.d.). *Empirically supported treatments*. Retrieved September 15, 2013, from http://education.ucsb.edu/hosford/emp-treat.html

Textbooks from your theories in counseling courses.

第四站參考文獻

American Counseling Association. (2005). *ACA code of ethics*. Retrieved May 15, 2013, from http://www.counseling.org/Resources/aca-code-of-ethics.pdf

Beale, A. (1993). Contemporary counseling approaches: A review for the practitioner. *School Counselor, 40,* 282–286.

Eysenck, H. J. (1970). A mish-mash of theories. *International Journal of Psychiatry, 2,* 140–146.

Halbur, D. A., & Halbur, K. V. (2011). *Developing your theoretical orientation in counseling and psychotherapy* (2nd ed.). Upper Saddle River, NJ: Pearson.

Maslow, A. H. (1965). A philosophy of psychology: The need of a mature science of human nature. In F. T. Severin (Ed.), *Humanistic viewpoints in psychology: A book of readings* (pp. 17–33). New York, NY: McGraw-Hill.

Rogers, C. R. (1957). The necessary and sufficient conditions of therapeutic personality change. *Journal of Consulting and Clinical Psychology, 21,* 95–103.

Severin, F. T. (1965). *Humanistic viewpoints in psychology: A book of readings.* New York, NY: McGraw-Hill.

Shapiro, J. P. (2009). Integrating outcome research and clinical reasoning in psychotherapy planning. *Professional Psychology: Research and Practice, 40,* 46–53.

Wampold, B. E. (2010). The research evidence for the common factors model: A historically situated perspective. In B. L. Duncan, S. D., Miller, B. E. Wampold, & M. A. Hubble (Eds.), *The heart & soul of change: Delivering what works in therapy* (2nd ed., pp. 48–81). Washington, DC: American Psychological Association.

Watts, R. E. (1993). Developing a personal theory of counseling: A brief guide for students. *Texas Counseling Association Journal, 21*(1), 103–104.

第五站　應用理論

評估與概念化

在這一站，你將有機會：

- 瞭解評估是諮商不可或缺的一環。
- 學習個案概念化的精髓。
- 瞭解概念化受既有諮商理論引導。
- 練習撰寫效果目標。

　　在這趟旅程的關鍵時刻，你應該已經認同某個理論或綜合數種理論的精華。你也初步瞭解其他理論，開始積累有實徵支持和理論基礎的介入策略。即使你有偏好的理論傾向，仍然有必要考量每位個案的需求（Berman, 2010）。

　　對理論的瞭解能為諮商師：(a) 指引評估方向；(b) 組織與瞭解個案資訊的架構；(c) 做出診斷與治療計畫的必備資料。第五站會先描述各種評估方式，思考個案的需求。個案概念化著重於改變，引導諮商師正確地辨識問題、釐清誘發問題的因素、找出解決問題的資源，以及有助於問題解決的策略。

　　歷程監控為個案和諮商師提供回饋循環圈。文件紀錄使治療保有連貫性。結合概念化、計畫、歷程監控和文件記錄，

才能使治療成為統整，具有內部一致性、條理分明的工作。當
我們繼續往最後一站邁進時，你會對專業實務有更多的覺察。

評估

評估是諮商很重要的一環。與個案第一次見面或瀏覽個案的檔案
時，評估就開始了。評估包括正式的診斷與非正式的評估，如觀察個案
的姿勢、行為舉止和非語言行為。有時候，評估著重在諮商師的能力和
事前的準備工作，其他時候則把焦點放在個案身上。評估也包含諮商師
一個案關係和治療進程，兼具形成性評量與總結性評量的作用。再次重
申，評估是諮商不可或缺的一環。

以諮商師為焦點的評估

第一站以自我評估、自我監控與反思為起點，這就是以諮商師為焦
點的評估內容。我們認為諮商師終其一生應不斷進行反思與自我評估，
對個案的嫌惡、治療期間的不舒服、困惑等反應尤應時時提高警覺。成
功和令人滿意的治療也讓反思的正當性不容置疑。

諮商師必須評估是否做足與每位個案會面前的準備工作。受訓諮
商師可能還沒有足夠的知識和經驗應付某些有自殺意念、傷害他人、幻
覺、妄想、人格違常、物質濫用等其他錯綜複雜問題的個案。若諮商師
與個案會面的準備不周，就應該諮詢督導或轉介給其他心理健康專業人
士。

以個案為焦點的評估

機構通常會採用結構化的初談表為新個案進行正式的評估。此外，

專業諮商師也會從個案先前的諮商師、轉介人或其他適當之處（當然是在個案書面同意的情況下）請求調閱紀錄。無論採用的程序架構為何，諮商師都要提出許多問題，以便對個案及其問題、資源、目標等有更清楚的瞭解。最後，你跟個案面對面晤談的內容，才是進行診斷、設定目標與制訂治療計畫最主要的資訊來源。

你大概已經學過《精神疾病診斷與統計手冊》（DSM-5, American Psychiatric Publishing, 2013），可能也在其他課堂上學會如何進行心理狀態檢查。以嚴謹的態度瞭解診斷的架構與程序是勝任實務工作的核心重點。

進行評估時，需詢問的問題如下：

- 個案希望有哪些改變？注意，這種說法跟傳統的「主述問題為何？」不一樣。問題可能出自於壓力、憂鬱、物質濫用、心理疾病、關係不佳等，辨明這些因素是當務之急。不過，確認個案改變的意願也很重要。個案是因為其他人要他改變，所以他才前來諮商嗎？個案是自願前來，還是為了滿足特定人士（如：法官或觀護人）的要求？

以「諮商初談表」（counseling intake forms）和「諮商評估表」（counseling assessment forms）為關鍵詞上網搜尋，可以找到許多範例，例如 http://www.lifeworkscounseling.info/pdfs/client_intake_form.pdf 的「（益活）個案初談表」（Life Works Clients Intake Form）。亦可利用 Run River Counseling（川流諮商）的網站 http://www.runrivercounseling.com/intake-forms.html 及 GoBookee 網站 http://www.gobookee.net/sample-of-intake-counseling-assessment-form 裡的範例舉一反三。

093

　　諮商契約是諮商師和個案之間的契約。但其他人若有要求和需要，亦可含括在內。第三方必須清楚說明其責任，讓個案、諮商師、第三方

等明瞭。必須得到個案的授權，諮商師方能向他人或單位報告評估結果、內容與進程。

> 如同你在其他課程中學到的，專業諮商師必須對引發憂鬱與自殺意念的跡象豎起雙耳，保持警覺。懷疑個案有自殺的風險時，我們常用的講法是：「碰到像你正承受的壓力與困境時，有些人會想自殺。你現在的情況呢？」我們建議應進行正式的自殺風險評估，例如問：「你提到你想放棄，看不出事情有任何進展。我擔心你想結束自己的生命。」和督導一起討論並確實遵守風險評估的範式與程序為首要之務。

- 個案有哪些優勢？何時曾發揮效用？個案有哪些才能？個案喜歡做什麼？可以從健康的各個面向（如生理、社會、情緒、認知、職業或靈性）探討個案的優勢。個案有從事增進健康的活動嗎？哪些面向的優勢可以轉化成資源、習慣、知識或技能？
- 個案的功能如何？有幾個地方須審慎考慮。個案是否身體健康，還是正接受醫師治療？個案正服用何種藥物？有哪些自我挫敗的行為？個案如何處理人際關係？個案有憂鬱症嗎？有沒有任何自我傷害或傷害他人的徵兆？有無嚴重或反覆發作的精神疾病徵象？有無物質濫用或成癮的徵候？這些資訊通常會請個案填寫在初談表上，不過，仍須慎重其事地直接跟個案確認並探討這些因素。

094

- 個案的發展任務（包括：認知、生涯、心理社會與道德發展）完成狀況如何？
- 個案的行為受哪些價值觀與信念引導？
- 個案有哪些資源？資源包括：良師益友、親戚、財務、提供助人服務的活動或組織等。資源與優勢和健康的生活息息相關。的確，個案的優勢是獲取資源的終南捷徑。
- 有哪些環境因素造成問題困境？環境因素包括：虐待、職場暴

力、歧視與其他不公不義的情境。

- 個案曾做過哪些努力揭示問題？
- 個案改變的動機有多強？換句話說，「個案對諮商的接受度如何？」舉棋不定在所難免。個案通常想改變，但內在或人際的壓力往往也讓他們裹足不前，改變令人又期待又怕受傷害，點破這種矛盾心情的問題有：「什麼原因會讓你不想改變？」和「如果你改變了，你會失去什麼？」

Steve de Shazer（1988）私底下依個案的動機與投入程度分成三個類別，但沒有哪個類別是病態或「壞的」，彼此之間也非楚河漢界涇渭分明。事實上，個案會在三者之間猶疑徘徊。以 de Shazer 的話來說，觀光客（visitors）雖然會去探索改變的可能性，但投入程度微乎其微。介入與治療對觀光客起不了作用。抱怨者（complinants）雖願意談論問題困境，但他們常認為改變的源頭與解決方法操控在別人手上，與自己一點關係都沒有。治療師需以試探性質提出介入策略，將控制權交付與個案。顧客（customers）則是捲起袖子準備上工了。

以關係為焦點的評估

在第三站時，我們曾強調跟個案建立穩固的工作同盟是一件非常重要的事。引用 Arthur C. Bohart 與 Karen Tallman（2010）的文章來說，個案「絕對不是治療的被動接收器。相反地，他們不斷地在評量治療歷程，積極調度態勢以契合他們的目標」（p. 89）。因此，有見識的諮商師應鼓勵個案協力參與評估諮商關係與諮商歷程。

諮商師可以在晤談結束後邀請個案談談他們對治療的看法，問他們：「你覺得今天的治療如何？」或「我想聽聽你對今天的治療有何想法。」剛開始的時候，個案可能只會回答：「還不錯。」但隨著時間過去，他們會變得越來越有自信討論他們在治療過程中的反應。

　　諮商師也常邀請個案在晤談結束後填寫問卷。此種問卷可用來瞭解個案的滿意度、對諮商歷程的同意程度、動機和諮商關係。我（本書第二作者）使用的問卷如表 5.1 所示。

表 5.1　晤談評估

圈選 1 到 5 的數字，說明你對下列敘述的同意程度。（1 ＝不同意，5 ＝同意）。

	1	2	3	4	5
1. 我認為諮商師瞭解我的情況。	1	2	3	4	5
2. 我覺得受到尊重。	1	2	3	4	5
3. 這次晤談很有幫助。	1	2	3	4	5
4. 合作解決問題的計畫很有幫助。	1	2	3	4	5
5. 我深受激勵，想改善我的問題狀況。	1	2	3	4	5

我真希望我們這一次的晤談＿＿＿＿＿＿＿＿＿＿＿＿＿＿＿＿＿＿＿

下一次晤談，我想要＿＿＿＿＿＿＿＿＿＿＿＿＿＿＿＿＿＿＿＿＿＿

這次晤談，我不喜歡的地方是＿＿＿＿＿＿＿＿＿＿＿＿＿＿＿＿＿＿

這次晤談，我喜歡的地方是＿＿＿＿＿＿＿＿＿＿＿＿＿＿＿＿＿＿＿

其他想法：＿＿＿＿＿＿＿＿＿＿＿＿＿＿＿＿＿＿＿＿＿＿＿＿＿＿＿

功能行為評估示例

　　數年前，我（本書第一作者）受邀至某小學為小學生芭比進行功能行為評估（Functional Behavior Assessment, FBA），本節即以此為例。校長擔心她的破壞行為和冒犯師長的態度。雖然我擔任的是顧問的角色，但我仍然遵循個案概念化的程序。我仔細記錄觀察每一步驟，如同我正在進行直接服務一般。

　　我在拼字、寫作、數學和音樂課觀察芭比和班上同學。我也觀察到老師念書給同學聽。我留意老師的行動、班上同學的反應還有芭比的行為，我跟芭比和班上同學共處了約三小時，我也央請教師填寫問卷。其

中，「當芭比＿＿＿＿＿＿＿時，我覺得＿＿＿＿＿＿＿。」這題重複問了三次。

我回到辦公室，絞盡腦汁想理解我觀察到的各種行為與人際互動。我「試戴」各種理論鏡片，想找到能據以介入的解釋——跟老師、諮商師、校護和校長開會時，能提出的合理假設。

我開始從阿德勒學派的觀點思考，問自己幾個問題。芭比的行為有何目的？她在尋求注意嗎？她想獲取權力嗎？她在尋求報復嗎？她能跟師長和同儕建立關係嗎？自然或邏輯的結果是什麼？她認為她自己有能力嗎？關於勇氣這一部分呢？

我的回答讓我注意到一件事。「這孩子什麼都不怕！」這是一個大膽的假設，必須小心處理，監控我自己的反應，保持中立。

096

我回頭忖度芭比的行為目標。她的行為跟尋求注意有關嗎？我不這麼認為。根據老師對芭比行為的反應和各種描述，我覺得那可能是獲取權力或尋求報復的手段。我看到她頂撞一個帶領活動的特別來賓，其他小朋友玩得很開心，但她卻尖嘴薄舌、話中帶刺。當我提到這項觀察時，其他師長也說芭比曾對他們口出穢言。

芭比的父母曾說芭比的行為跟同儕關係不佳有關。芭比曾試著交朋友嗎？她認為自己在團體中重要嗎？就我和老師的觀察，芭比在學校是有朋友和歸屬感的。我沒看到她跟同學吵架，但我須謹記家長的假設，不可漠然置之。

我從發展理論的觀點思考芭比的行為。芭比看來很聰明，但似乎沒有達到應有的發展水準。她比同儕矮小，行為也不符合道德發展水準。我尋思她的出生與生理發展，特別是兩歲前的狀況。她學會信任他人了嗎？她曾有創傷經驗嗎？是遺傳造成她的行為問題嗎？她有兄弟姊妹嗎？她讀過幼稚園嗎？不知道是否可從校護那裡獲得有用的資訊？

上述問題引發我思索生物化學方面的解釋。她有沒有注意力不足過動症（ADHD）？有其他「醫療模式」和缺陷模式的說法嗎？不管有沒有服用藥物，我們仍需考量行為的源頭和介入措施。什麼正在增強行

為？什麼在誘發她的行為？我們該如何操控環境、形塑芭比的行為，好提升她的在校表現？

當我思考增強物和偶然性（從行為學派的觀點）時，頓時疑惑叢生。回想這一天的情景，我問自己：「什麼增強了這孩子的行為？什麼正在增強芭比？她在意哪些後果？她的行為有何目的？芭比的行為有何作用？」如果我從個體的行為事出必有因的觀點出發，我必須清楚陳述這些理由。但這些理由是？

有哪些例外呢（焦點解決短期治療的概念）？什麼時候她能聽從指示？什麼時候完成作業？如何得知她克服這些挑戰？如何得知她開始進步了？試過哪些方法了？哪些有效，甚至部分有效也好？如果我能回答這些問題，或許可以找到解決方法，幫助芭比學會改善課業以及與師長同儕互動的技巧。

向學校諮商師、校長和老師開會報告時，我回溯摘要我的概念化歷程和列出的問題。我顯然需要更多資訊，但已經可以提出一個暫時性的假設：芭比的行為目標可能是為了獲取權力。從阿德勒學派的觀點來看，我建議學校師長可以用強迫選擇的方式，例如：「妳可以選擇跟同學一起做功課，或坐在教室後面做功課」或「妳選擇坐在走道上，而不要跟同學坐在一起。妳可以選擇坐在走道上看，或者去辦公室」。我建議先試用這個策略，並觀察芭比的反應。我也希望從老師那裡得到更多資訊，建議校護跟家長談談，瞭解她的幼年發展狀況。

概念化

功能行為評估耗時費力，但是值得。如同 Pearl S. Berman 寫道，欠缺深思熟慮的概念化將導致「治療亂套」（2010, p. 2）。在未清楚瞭解個案的問題情境和明確指出成功治療方法的情況下，卻以亂槍打鳥的方式隨機挑選介入策略，妄想獲得治療效果，無疑是緣木求魚。從個

案的脈絡多方思考，再來提出最佳假設是很重要的。換句話說，你必須讓思考「複雜化」，不能僅依靠單一偏好的意見（如：「她一定有ADHD」），而是從多重角度檢視證據，選取最吻合的解釋。否則，你的思考就只能像這樣：「嗯，我想用（這個）試試看……行不通……那麼用（這個）試試看……喔，也行不通……再用（這個）試試看。」

　　從上述功能行為評估案例可看出評估是個案概念化的重頭戲，也指引接下來的治療歷程。概念化的內容包括：精確定義主述問題、問題的起因與由來、治療目標、達成目標的步驟。進行這個過程時，須特別留意發展、文化、脈絡、過往成就、行為、家庭動力、相關歷史背景與資源等等。當然也要辨識導致問題繼續存在的因素，形成解決問題的假設。專業諮商師須思考哪種理論最能解釋問題，檢視主述問題的實徵研究，據此擬訂治療步驟順序。

> 概念化的目的是要擬訂具有內部一致性但又有彈性的計畫，協助個案克服挑戰，達成目標。
>
> 概念化要回答下面三個問題：
>
> 1. 個體是怎麼陷入問題困境的？
> 2. 有什麼方法可以脫離？
> 3. 我如何提供快速又有效的協助？

　　卡珊德拉是你這一站的晤談對象。卡珊德拉，35歲，與丈夫協議分居五年。她報名法庭記錄員受訓課程，想要報考以獲取資格。

　　主述問題：失眠、食慾不振、情緒起伏不定、難以集中注意力、容易煩躁、缺乏樂趣感。

098

　　風險因子：無。

　　初始求助目標：快樂一點、少哭一點、找到生活的樂趣。

　　以下為理論取向練習範例，參考答案用標楷體呈現。

　　假設有一位個體心理學派（如：阿德勒理論）的專業諮商師想瞭解卡珊德拉，這位諮商師該思考哪些資訊（除了一般性初次晤談的回答外）？

- 她五歲前的經驗和早期回憶。
- 引發症狀與行為的目的（如：注意和歸屬感）。
- 引發症狀與行為的錯誤信念。
- 引發症狀與行為的個人優先順序選擇（如：舒適、控制、優越、完美）。
- 生命任務（如：愛／親密、工作／生產性、歸屬感／友誼）。
- 對自己、他人和生命的看法（即：生活型態）。
- 她的生命意義。
- 社會興趣投入程度。

以下是另外三種諮商卡珊德拉的理論取向練習。

假設卡珊德拉的專業諮商師為認知行為治療（cognitive-behavioral therapy, CBT）取向，他／她可能會思考哪些資訊（除了一般性初次晤談的回答外）？

_____

_____

_____

_____

_____

_____

_____

_____

_____

假設卡珊德拉的專業諮商師為焦點解決短期治療取向（solution-focused brief therapy-based），他／她可能會思考哪些資訊（除了一般性初次晤談的回答外）？

_____

_____

_____

_____

_____

_____

_____

_____

_____

假設卡珊德拉的專業諮商師為現實治療取向（reality therapy-based），他／她可能會思考哪些資訊（除了一般性初次晤談的回答外）？

_____

_____

_____

_____

_____

_____

_____

_____

還有哪些問題你認為也很重要？　　　　　　　　　　　100

_____

　　雖然我們的重點擺在學習發展諮商關係的精要技巧，但下面的問題也必須好好思考：

- 你要採取哪些步驟，以確保你符合所有知情同意（informed consent）的法律與倫理準則？法律與照護標準因州、因地區、因機構而異，這是諮商中很重要的問題，必須全盤瞭解。
- 你如何向個案說明諮商歷程？（我們會在第六站時再次討論這個問題。）
- 你會如何佈置諮商室？
- 如果你懷疑個案有自殺的風險，你會怎麼做？
- 如果你的個案心情低落，有自殺的風險，你的督導會期望你採取哪些步驟？
- 評估暴力行為風險的程序為何？
- 你服務的機構如何執行保密倫理？
- 第一次晤談碰到困難時，你會採取哪些步驟？（如：個案拒絕接受諮商、個案哭著不進來諮商室、個案質疑諮商師。）

　　跟卡珊德拉第一次會面時，你知道她對夫妻關係的未來感到茫然。此外，她也擔心能否成功完成課業的要求，擔心焦慮會干擾考試成績，她害怕考照失利後要一再報名重複的課程。但她下定決心要成為法庭記錄員。

　　她說她的優勢是飲食（和運動）規律。在分居之前，她的課堂表現不錯，喜歡上課。她的媽媽和某位異性友人也很支持她。

　　想像你正準備跟卡珊德拉進行第一次晤談。你跟她約在哪裡見面？你坐在哪裡？卡珊德拉坐在哪裡？卡珊德拉看起來如何？她的穿著如何？她的行為舉止如何？你對卡珊德拉的初步和後續觀察，以及你跟她相處的經驗，都是評估、概念

化和擬訂治療計畫時須考量的重要因素。

基本上，卡珊德拉想要： 101

- 釐清她跟丈夫的關係和婚姻的走向。
- 學會控制焦慮的方法，特別是課堂表現。
- 戰勝憂鬱。

　　同樣地，我們要以個體心理學派觀點的專業諮商師為例，示範回答下列問題。

　　假設你是個體心理學派的專業諮商師。與卡珊德拉晤談時，你會考量哪些問題？你會使用哪些程序和介入策略？你如何得知你和卡珊德拉的晤談大功告成？

初步考量：

1. 注意卡珊德拉的焦慮史與憂鬱史，及焦慮和憂鬱的症狀表現。傾聽與建立關係技巧是此階段的工作重點。
2. 諮商師會思考卡珊德拉的生活型態，包括：發展的關鍵事件、早期經驗、對自己和手足的看法、原生家庭、在家庭和同儕中扮演的角色、最早的記憶、重複夢境、對世界的看法。

代表性的程序與介入策略：

1. 首先鼓勵卡珊德拉敘說個人的生命故事，建立穩固的工作關係。
2. 評估在諮商師和卡珊德拉第一次會面時就開始了。諮商師會進行正式或非正式的生活型態評估。諮商師也會以下列語句問問題：「假設現在不憂鬱了，妳會是什麼模樣？」或「如果現在不憂鬱也不焦慮了，妳會做什麼？」
3. 諮商師分享根據評估形成的暫時性結論（詮釋），包括錯誤的信念、優勢、卡珊德拉的生活型態。
4. 諮商的教育功能要促進卡珊德拉對自己的瞭解，認識達成目標的 102

無效策略，採行更有效的策略。

5. 諮商師刻意地鼓勵（不是讚揚）和賦能卡珊德拉，給她信心和希望。

6. 諮商師要求卡珊德拉在晤談期間表現出憂鬱症「彷彿」消失數小時或發作次數減少的模樣。

7. 指派其他家庭作業。

大功告成的指標：

從症狀解除和目標達成可看出治療的成效。除此之外，她會主動參與社區事務，有令人滿意的工作效能和關係。她有勇氣接受不完美，對未來即將來臨的挑戰充滿信心與樂觀心態。

我們通常以摘要、陳述目標、達成目標的可能性與建議結束第一次晤談。通常我們會說：「如果你選擇繼續晤談，我們可以先訂定六次的契約。我會在第五次時再次評估你的進展，判斷我們的治療是否成功，還是需要改變計畫。」如果個案看來猶豫不決，我們會鼓勵他回去考慮一下，再打電話告訴我們他的決定。

根據特定的理論取向（認知行為、焦點解決短期治療或現實治療學派），回答下列問題。

假設你是認知行為取向的專業諮商師。

與卡珊德拉晤談時，你會考量哪些問題？

你會使用哪些程序和介入策略？

你如何得知你和卡珊德拉的晤談大功告成了？

_____

_____

_____

_____

_____

———————————————————————————————

———————————————————————————————

———————————————————————————————

———————————————————————————————

103

———————————————————————————————

———————————————————————————————

———————————————————————————————

———————————————————————————————

———————————————————————————————

———————————————————————————————

　　假設你是焦點解決短期治療取向的專業諮商師，與卡珊德拉晤談時，你會考量哪些問題？你會使用哪些程序和介入策略？你如何得知你和卡珊德拉的晤談大功告成了？

———————————————————————————————

———————————————————————————————

———————————————————————————————

———————————————————————————————

———————————————————————————————

———————————————————————————————

———————————————————————————————

———————————————————————————————

———————————————————————————————

———————————————————————————————

———————————————————————————————

_____

_____

　　假設你是現實治療取向的專業諮商師，與卡珊德拉晤談時，你會考量哪些問題？你會使用哪些程序和介入策略？你如何得知你和卡珊德拉的晤談大功告成了？

104

_____

_____

_____

_____

_____

_____

_____

_____

_____

_____

_____

_____

_____

_____

界定目標

　　概念化是你與卡珊德拉制訂工作計畫的基礎。若個案與諮商師對目標與計畫的立場一致，諮商會更有成效。因此，無論你的理論取向為

何，我們鼓勵你採取攜手合作的態度。

擬訂目標耗時費神。目標應以個案能理解的用語陳述，且應具體、適度、做得到、實際可行和及時。

一般說來，目標要能呼應「你如何得知我們的晤談大功告成了？」這個問題。

有用的目標應界定可測量的效果。中程目標是達到效果目標前的步驟。

有些專業諮商師會把個案的優勢包含在目標敘述句內，例如：「我要運用我_____這一方面的優勢去_____」。客觀簡短的說法為：「從明天開始到下個禮拜五，我要_____。」

我們喜歡用成就達成的指標敘述個案的一般性目標，接著再陳述能完成效果目標的中程目標。以索爾為例，他的目標是：

效果目標 #1：勞動節前，我要學會控制怒氣的技巧。

不管在家裡或工廠，只要連續 10 天不破口大罵，我就成功了。

索爾的中程目標可能是：「下個禮拜我要每天練習『我訊息』的說話方式」和「下個禮拜期間，我要記錄生氣時的感覺、生氣前中後的想法以及其他感想等等」。

> 注意：索爾的中程目標反映的是認知行為取向的觀點。中程目標指出他應該採用自我監控的策略，學習控制怒氣的方法。

我們通常會建議目標不要超過三個，最易落實的優先。當然，你可以提出三個以上的目標，在適當時機增添目標或修正計畫。

> **有實施價值的目標是：**
> - 個案想達成的目標。
> - 個案願意完成達到目標所需的作業。
> - 個案有能力達成的目標。
> - 特定、具體、觀察得到、可測量。
> - 有完成的時間表。

105

與個案共同界定目標時，我們常融入焦點解決短期治療取向的用語。在第一次晤談時用以下說法來設定目標：「我想確定我提供的服務讓你覺得物超所值。（停頓一下）既然如此，我要請你想像我們已談了六、七次，或許只有五次。晤談結束後，你推開門走進來說：『我真高興能跟你晤談，我的生活現在好多了。』那時你的生活發生了什麼事，你才能說得出這樣的話呢？」

考量卡珊德拉的問題情境和她在第一次晤談中說的內容，你認為合理的目標是什麼？換句話說，你希望卡珊德拉在療程結束後，會有哪些改變？你們如何達成這些目標？什麼樣的目標和陳述方式，最能讓卡珊德拉欣然接受甚至躍躍欲試？

寫下卡珊德拉的兩個中程目標，以及效果目標達成的指標。

106

_____

_____

_____

_____

_____

_____

_____

準備前往第六站

清楚地界定目標後，下一站就是規劃達成目標的做法、策略與介入方式。你要如何協助個案達成目標？你想運用哪種模式（如：團體諮商、家長諮詢、個別諮商、家族治療、心理教育）？你未來打算學哪些治療方法？你的生涯發展現狀如何？（我們會在第六站時繼續這趟旅程。）

　　第四站和第五站較前幾站緊湊但籠統。有些練習活動和選項看似含糊其詞，這些開放式的練習活動並沒有標準答案，且可能沒有確定完成的時候。我們也告訴你會面臨到的挑戰，希望你能好好做完這些會佔用你滿多時間的任務，即使沒有敲門聲、門鈴聲及電子郵件催促你哦！

你現在的狀況如何？花些時間寫下你的想法和感覺。

_____

_____

_____

_____

_____

_____

_____

_____

_____

第五站推薦資源

107

Berman, P. S. (2010). *Case conceptualization and treatment planning: Integrating theory with clinical practice*. Thousand Oaks, CA: Sage.

University of Colorado Denver Student and Community Counseling Center. (n.d.). *Goal setting questions*. Retrieved May 15, 2013, from http://www.ucdenver.edu/life/services/counseling-center/Documents/Goal-Setting-Questions.pdf

University of New Hampshire Counseling Center. (n.d.). *Goal setting*. Retrieved May 15, 2013, from http://www.unhcc.unh.edu/article/goal-setting

第五站參考文獻

Berman, P. S. (2010). *Case conceptualization and treatment planning: Integrating theory with clinical practice*. Thousand Oaks, CA: Sage.

Bohart, A. C., & Tallman, K. (2010). Clients: The neglected common factor in psychotherapy. In B. L. Duncan, S. D., Miller, B. E. Wampold, & M. A. Hubble (Eds.), *The heart & soul of change: Delivering what works in therapy* (2nd ed., pp. 83–111). Washington, DC: American Psychological Association.

de Shazer, S. (1988). *Clues: Investigating solutions in brief therapy*. New York, NY: Norton.

第六站　與個案會面

治療計畫、歷程監控
與文件記錄

在這一站，你將有機會：

- 準備與個案進行第一次晤談。
- 練習向個案解釋何謂諮商。
- 為個案擬訂治療計畫。
- 辨識監控目標進展的策略。
- 練習撰寫文件記錄。

　　角色扮演、文件記錄撰寫練習、班級討論和其他學習活動，是和真正帶著問題來求助的個案晤談前的準備工作。這一站的行程將從諮商的決定性關鍵：與個案會面的流程與考慮事項開始出發。

　　諮商師與個案第一次晤談前的準備工作與流程不一而足。在實務工作中，我們會在電話預約時初步瞭解個案的年齡、家庭、工作與求助問題。有了這些簡短的背景資料，我們對問題的促發因子形成數種假設，並期待在第一次晤談的時候蒐集更多資訊。我們也要思考建立關係的策略。

109

引領個案進入諮商

　　挑選與整合理論是第四站的重點。在晤談中清楚向個案陳述你所認同的理論與執行方式，是讓個案知情同意諮商的要素。概述諮商過程也可減緩個案的焦慮，避免過早結束諮商。Joshua K. Swift、Roger P. Greenberg、Jason L. Whipple 與 Nina Kominiak（2012）把這種準備工作稱為「角色引導」（p. 382）。他們鼓勵心理健康專業工作者騰出晤談時間說明諮商取向，我們也認為教育個案可以大幅提升諮商效益。

　　有些個案的過往經驗、觀念與恐懼心理會阻礙諮商師想建立工作同盟或有效進行第一次晤談的努力。非自願個案——不管是法院判決、家長命令、學校規定等等——都可能會讓個案拒絕接受諮商。小朋友有時會哇哇大哭、寡言的個案對「談話治療」望而生畏、文化差異令個案坐立難安。眾所周知或隱約其詞的文化與家庭規則限制個案談論私人話題。

　　督導與機構對這些情況的指導方針殊異。你們可以討論上述情節、激盪可行的回應，並發展出這些情非得以之狀況可資遵循的程序。

　　美國諮商學會倫理守則（American Counseling Association, 2005）明定諮商師必須公開讓個案知道的資訊，如此一來個案才能決定是否同意接受諮商（A.2）。我們鼓勵受訓諮商師培養清楚解釋諮商歷程、保密、諮商師的角色與責任、個案的角色與責任的口語表達能力。

　　受訓諮商師常跟同儕和朋友進行角色扮演。我們鼓勵你邀請同行或其他人協助你練習，不過須在你向他們解釋練習活動的變數及課程要求的重點之後。角色扮演練習專業聲明範例請見附錄 B.1。

　　我們提供 Ken（本書第二作者）用來解說諮商的範本（見附錄 B.2）和第一次晤談前即郵寄給個案的專業公開聲明（見附錄 B.3）。請注意這份聲明已經過期，上面的證

110

書資格也不再正確。此外，法律
對於證書資格、應告知個案的資
訊等各州不盡相同（儘管如此，
你還是可以使用我們提供的格式
和用詞）。我們也附上兩份報紙
專欄的文章，內容是教育消費者

> 與未成年青少年和學生諮商
> 時，有關知情同意的法律與準則
> 因地而異。與未成年者諮商時，
> 務必得到雙親授權，遵守法律與
> 倫理守則。

如何明智地選擇心理健康專業人員（附錄 B.4 與 B.5）。

　　在第六站之前，我們已經介紹、發展及學會應用不同的
技巧、技術、建構理論、評估與概念化。這些要素將在第六站
會合，融會貫通。

　　容我們向你介紹高中生戴利，他被學校諮商師（當然也
是一位專業諮商師）轉介而來。他的家長安排預約面談，母親
同意出席第一次晤談。

　　用這個例子並非暗諷學校諮商師無能諮商戴利。學校諮
商師與學校心理學家能提供個別諮商的服務不等。社區心理健
康中心的助人者常因父母親的要求或學校諮商師的轉介而諮
商學生。我們強烈建議接受學生為個案的社區諮商師與學校諮
商師密切合作（當然須得到學生本人和家長的同意）。

　　想像戴利驅車前來你的辦公室，等待與你會面。他的期
待是什麼？他在擔心什麼？你認為他有多焦慮？他不來見你
的可能性有多高？他對你有何要求？

　跟戴利第一次晤談的時候，他告訴你他早上經常鬧胃痛，中午前無
法進食。有時候會在中午前上學，是因為想見見朋友。戴利說他有一票
朋友。他強調有朋友是生命中極為重要的事。

　戴利說他的功課遠落於班上同學之後，很討厭上學。他抱怨跟部分
老師關係不佳，也埋怨被一些班上同學嘲笑。

109

110

　　戴利曾跟家人提過他的問題。他父親的腦部曾在戰場上嚴重受創，罹患創傷後壓力違常（PTSD）。他母親也有醫療方面的問題。戴利說他跟媽媽的關係比較好，也說他擔心雙親，尤其是媽媽的狀況。

　　戴利也告訴你他的心情沮喪低落，去年曾想自殺。戴利的媽媽在暑假時帶他去急診室接受治療。不過，執行評估的專業人員說住院不能保證好轉。

　　你會如何回應戴利關於自殺意念的談話呢？

111　　　　　　注意與戴利晤談的這一段對話，焦點解決短期治療如何發揮影響力，特別是合作擬訂目標這部分。

　　　　以下對話摘錄自第一次晤談的結尾部分：

你　：我想更瞭解你現在的壓力指數有多高。假使 1 分是沒壓力，你沒有任何掛慮和擔心的事，你的胃很好，什麼時候想吃都吃得下，就是 1 分。10 分是很多壓力，壓力大到任何人跟在你後面走進這個地方，你都會嚇得跳起來。你的胃痛得不得了，根本吃不下，你擔心到睡不著覺。你想上學，可是辦不到，就是 10 分。今早上學的時候，你會給自己幾分呢？

戴利：今天早上？大概是 8 分吧。

你　：現在呢？

戴利：大概是 6 分。

你　：從上學到現在這段時間，你做了什麼，讓分數能降到 6 分呢？

戴利：我做了什麼？什麼也沒做，就很自然地發生了。

你　：我覺得你太小看自己了（微笑，穩住關係）。我們稍後再來談這個。接下來我們會有七次的晤談，假設現在是我們最後一次談話，而不是第一次見面，我們的晤談對你很有幫助。然後，我請你再次評估壓力指數，你的答案是 3 分。那個禮拜發生了什麼

事，讓你把自己的壓力指數降成 3 分呢？

戴利：我會更像自己。

你　：好，因為還不太瞭解你，所以聽不大懂你的意思。假設我是停在你學校牆上的一隻蒼蠅，可以從走廊、甚至在班上看到你，你想我會看到什麼，讓我知道你更像自己呢？

戴利：我會多跟朋友說話，不要一個人搞自閉。

你　：你更像自己的時候還會做什麼？

戴利：我會更成功。

你　：當你更成功的時候，你的朋友和老師會注意到哪些事情？

戴利：我會自動自發做功課和上學，大人不會對我嘮嘮叨叨、叫我做這做那的，老媽也不會一直煩我。

你　：嗯，還有嗎？

戴利：不知道。或許胃不會那麼痛。

你　：所以，你會跟朋友多說話，不用大人碎碎念你就會負責把功課做完，而且你的胃痛也好多了。如果你的胃痛不再發作，你覺得別人是怎麼注意到的？

戴利：我會更有精神，可能還會多跟別人聊天。

你　：這樣多少讓我瞭解當我們的晤談對你有幫助時，你的情況大致是如何。讓我們回到前面的問題。假設你下週來晤談時，我一樣請你評估壓力指數，結果你回答 5.5 分，只比今天下降 0.5 分。這一整個禮拜發生什麼事，使你說你的壓力指數是 5.5 分而不是 6 分呢？

戴利：可能是去上學吧，但我想這種事不太可能會發生。

你　：記得嗎，我說的是下降 0.5 分，不是降到 3 或 4 分。

戴利：我大概每天下午都會待在學校，甚至有兩天早上已經到校了。

你　：還有呢？

戴利：不知道，或許我的作業分數會提高一些。

你　：有哪些老師會注意到你的改變？

戴利：喬老師，還有泰瑞莎老師吧！

你　：你是否願意為我做一個家庭作業呢——我是唯一知道的大人喔！

戴利：（不置可否地聳聳肩）

> 　　療程之間指派任務的代稱因人而異。我們用家庭作業（homework）這個詞，這是學生比較熟悉的概念。他們似乎比較喜歡我們指派的家庭作業，因為跟其他老師規定的作業不一樣。

你　：我希望你注意壓力指數低於 7 分的日子。不需要一整天都低於 7 分，因為我猜早上或有些較難的課會高一些。只要留意低於 7 分的時候發生了什麼事，好嗎？

戴利：好。

你　：下禮拜見？

（戴利點頭表示同意，並預約下個禮拜的時段。）

治療計畫

考慮戴利的問題情境，草擬兩個下一次晤談時你想跟他（可能還有他的家長）討論的效果目標。

113　效果目標＃1：

_____

_____

我知道我成功了，當我：

_____

_____

效果目標 # 2：

_____

_____

我知道我成功了，當我：

_____

_____

　　雖然我們請你草擬戴利的目標，但為了提高諮商效能，必須讓個案接受與認可這些目標。諮商師草擬的目標應具體、可測量、可達成、合乎現實、及時，並邀請個案進行最後的確認。讓個案參與訂定目標與達成目標所需的任務是很重要的。

　　有了明確的目標方向後，下一步即是規劃採用的取向、策略和介入方式。你要如何協助個案達成目標？你會使用哪種治療模式（如：團體諮商、家族治療、教師諮詢、個別諮商）？你希望採用哪些介入策略？擬訂治療計畫的用語如下例：

- 個別諮商，每週 45 分鐘，連續六週。
- 家長諮詢，每週 15 分鐘，連續六週。
- 學校諮商師電話諮詢，隔週 15 分鐘，連續六週。
- 生涯探索團體諮商，每週 90 分鐘，連續四週。

更多治療計畫用語範例，請見表 6.1。

114 表 6.1 治療計畫用語範例

要素	範例
頻率與評分	每週一次、三個上學日、一週五天、一個月六次、8 分（10 點量尺）、45 分鐘內五公里
期限	本週、接下來四週、接下來八週、一月底前、連續四天、連續三週
治療模式	個別諮商、家族治療、諮詢、心理教育、遊戲治療、親子遊戲治療、讀書治療、戒癮 12 步驟
介入策略	認知行為治療、空椅法（完形學派）、EMDR、生理回饋、親子互動治療、現實治療、沙盤（完形學派）、焦點解決短期治療、阿德勒學派親子教育、強調外化的敘事治療、繪製家系圖
資源	家長、學校諮商師、教師、戒酒匿名會、牧師、社會福利服務

歷程監控

我（本書第一作者）曾在二十多年前參加由 Michele Weiner-Davis 帶領的焦點解決短期治療工作坊，隨後即有機會與一位個案晤談。個案因自殺未遂入院，出院條件是跟社區心理健康中心的諮商師談話。個案固執地說她只來一次，僅此一次下不為例。個案會被指派給我，是因為我可以接受下午五點後的預約。

我認為這是一個將 Michele

擬訂目標與設定達成目標的策略後，要如何得知個案正朝這些目標前進呢？有哪些評量標準？你和戴利採用 10 點量尺評估壓力指數，幾分才算適當？

歷程監控（progress monitoring）是教育學領域的重要名詞。這個名詞用在臨床情境亦合情合理。它定出責任範圍，

但著重的是個案的進展。諮商師根據個案的反應評估每次晤談和介入策略的效能。若合宜則繼續沿用；若成效不彰，就要採行其他的技術和介入策略。

歷程監控時而輕而易舉，時而困難重重。我們要求戴利評估自己的壓力指數，即使這是主觀的評量，不見得那麼可靠，但邀請個案進行自我評估仍有助於監測進展。其他評量學業表現較客觀的方式包括：出席率、分數、作業、配合度和補救教學結果。

要找到完全客觀省時的效果評量方式談何容易。購買可重複施測的標準化評量工具不失為良策，但要考慮成本和個別適切性（如文化、閱讀水準、年紀）等因素。單一個案研究設計（根據行為理論）亦為可用的方法，但代幣計算費時費勁，且不適用於每位個案。

儘管如此，聰敏的諮商師總能找到方法化繁為簡，以合理可行、站得住腳又派得上用場的方式蒐集資料。他們通常會結合數種客觀性指標（如出勤率、報名健身活動）及主觀性評量（如：

Weiner-Davis 工作坊學以致用的絕佳機會。我複習焦點解決短期治療的範式，反覆練習關鍵問句，起身跟個案打招呼。我同意只見面一次的契約，似乎讓她放心不少。我們隨即進入正題。我已經知道「是什麼促使妳想預約面談？」因此我聚焦在「我們如何有效地運用這段時間？」

她回答不出奇蹟問句，我也忘了她當時的反應。我的下一個問題是：「我們都知道奇蹟不可能一夜之間發生，通常得花數星期。有哪些跡象顯示妳已朝奇蹟前進了呢？」她仔細想了一會兒，說道：「我會邊洗澡邊唱歌。」

那天傍晚奇蹟真的發生了。晤談最後我請她下次再來，她竟然答應了。下星期來見我的時候，她一開口就說：「珊蒂，我會邊洗澡邊唱歌了。」數年後，我收到她的來信，告訴我她現在過得很好，信的末尾寫道：「我仍然會邊洗澡邊唱歌。」

即使跟個案會面的時間不到三小時，而且已經是二十多年前的事了，但想到她，我依然會不自主地微笑。一想到她教會我的事，我更是忍不住笑逐顏開！我學會傾聽我的個案，根據他們的參考架構和投入程度工作，也信任他們有能力做好該做的事。

115

自我評量與觀察）。

你會採用哪些策略與機制監控戴利的進展？

_____

_____

_____

_____

_____

_____

_____

文件記錄

評估過程、結論、目標、效果指標、治療模式、介入策略及使用方法的文件記錄應具有內部一致性，每個要項應符合邏輯、前後連貫。準備、檢閱和評鑑文件記錄時，力求品質如下：

精確

簡潔

準備快速

專業

審慎

保密

記錄諮商工作是一件耗時但卻重要的任務。撰寫每一次的療程記錄能協助專業人員提供前後一致的服務、辨識主題、師出有名和監控歷程。我們常用主觀、客觀、評估與計畫（SOAP）為格式，如表 6.2 和表 6.3 所示。另一個常用的格式是描述、評估與計畫（description, assessment, and plan, DAP）。 機構的要求和諮商師偏好的文件格式不一。無論你採用哪一種格式，能提供問題解決架構的格式較能協助你組織思考脈絡，維持治療的一貫性。

表 6.2　以 SOAP 格式撰寫記錄

- S：主觀（subjective）：個案記錄的開頭包括個案對問題情境的主觀陳述、經驗、問題形成過程等等。可以用「個案說」為起始句，或者「個案稱」和「個案敘述」。第一次晤談應記錄解釋和簽署專業公開聲明及其他同意文件的過程，還有晤談中使用的技術與介入策略，作為摘要個案反應的架構。
- O：客觀（objective）：客觀是指你對這次晤談的觀察與描述。你可以記錄個案的行為舉止、外觀和情緒表現，如：「個案在晤談時說話速度很快、更動手勢、一直抖腳，看起來似乎很焦慮。」
　這一欄也可記錄個案對你採用的技術與介入策略有何反應。
- A：評估（assessment）：在這一欄，你應該記錄個案的目標進展，評估關係發展現況。還可記錄暫時性的假設。
- P：計畫（plan）：這一欄記錄後續晤談的方向，特別是下一次晤談的優先事項，以及你指派的家庭作業和下次預備使用的介入策略。如果下次晤談前有應辦事項，也應記錄在這一欄。

　　效率和時間管理是專業諮商師的重要課題，文件記錄自不例外。因此，我們希望你培養出「言簡意賅」、表意準確的寫作策略。此外，我們也鼓勵你以報紙頭版文章的方式記錄。

下列文件記錄用句錯在哪裡？

約翰走進來，我們聊了好一會兒。

_____

她比往常還要邋遢。

_____

她抱怨她的心神不寧、疑神疑鬼。我們談了些處理不安憂慮的方法。

_____

陶德說貝爾老師常對學生大吼大叫，根本不適任。

她的目標不切實際，我試著說服她集中精力在辦得到的事情上。

安玩遊戲，畫了一些畫，接著就說她要離開了。

或許你已經注意到這些寫法語焉不詳，意謂不明。安玩了什麼遊戲？她畫了什麼？她為什麼會離開？好一會兒是多久？什麼是「目標不切實際」？

表 6.3　戴利本次晤談的 SOAP

・S（主觀——戴利的說話內容摘要）
　◎戴利將他的問題歸咎於心情鬱鬱寡歡和蹺課。
　　(1) 他的胃痛特別容易在早上發作，所以食慾不振。
　　(2) 他跟某些老師的關係有待加強。
　　(3) 他在班上的排名落後。
　　(4) 班上有些同學喜歡嘲笑他。
　　(5) 他的媽媽長期就醫。
　　(6) 他跟爸爸的關係緊張（爸爸是罹患 PTSD 的退伍軍人）。
　◎戴利說他的心情低落，去年曾想自殺。他媽媽暑假時帶他去急診室就醫，專業人員說住院不能保證好轉。他否認最近有自殺意念，向我保證若有任何自殺或自我傷害的念頭，一定會跟我討論。
　◎戴利說有朋友是生命中「極為重要的事」。
　◎戴利評估他現在的壓力指數，早上是 8 分，晤談時是 6 分。壓力指數較低（即 3 分）的指標為「我會更像自己」（如：跟朋友聊天、成功、上學、做功課、不再胃痛）。
・O（客觀——你的觀察）
　◎戴利看起來昏昏欲睡，說話有氣無力、垂頭喪氣。晤談中大概有 1/3 的時間會看著我。他會回答我的問話，但不會主動說話。

表 6.3　戴利本次晤談的 SOAP（續）

・A（評估——你對個案問題狀況和目標進展的評估）
　◎本次晤談的合作工作同盟尚未完全達成。他沒有表現出要改變的動
　　機。
・P（計畫——指派家庭作業、規劃後續療程、下次晤談前應辦事項）
　◎聯絡急診室索取評估紀錄。
　◎聯絡學校諮商師。
　◎持續採用 de Shazer 的初次晤談介入策略（壓力指數低於 7 分——意
　　指戴利幾乎下午及幾個早上都願意上學，作業有進步）。
　◎擬訂目標與訂定契約。
　◎監控憂鬱狀況與自殺意念。

　　戴利第二次晤談時遲到了 10 分鐘。等待的這段時間，你在想什
麼？當他過來時，你會說什麼？你會如何開始今天的晤談呢？請想像並
寫下你和戴利之間一開始的三段對話。

你：

_____

_____

_____

戴利：

_____

_____

_____

你：

_____

_____

_____

戴利：

_____

_____

_____

你：

_____

_____

_____

注意「你」在下面的對話中如何擬訂目標。

你　：上個禮拜離開之後，你有什麼想法？

戴利：不知道——想都沒想過。應該還好吧！

你　：有時個案會在離開後思考一些事情，所以我才想問問看。上個禮
　　　拜我給你一項家庭作業，請你留意……

戴利：嗯，星期三和星期四的狀況不太好，比平常還緊張。星期三一直
　　　到中午才去學校，星期四沒去上學。

你　：好，星期三和星期四不太妙，其他日子呢？

戴利：星期五還不錯，早上 11 點才有課，所以在上學前有充分的時間
　　　調整身體。

你　：你是怎麼辦到的？

戴利：星期四晚上早早就上床睡覺了，所以隔天一早起來精神好多了。

你　：你早點睡覺，有充分的休息，早上精神很好。上個禮拜我問你怎
　　　麼知道我們的晤談對你有幫助，我用你的回答訂了一個計畫。我
　　　對目標有幾個想法——但你今天可能會有其他靈感。我們要從這
　　　裡開始，一起來完成它。

　　　你先前說壓力很大，壓力指數 7 分。我先假定你的整體諮商目標

120

是降低壓力。你覺得壓力指數要降到幾分，才能說我們的諮商是有效的呢？

戴利：嗯，大概是 3 分。

你　：好，3 分。你曾說如果你的功課進步、多去上課，壓力就會少一點。如果能跟幾位老師相處融洽，你也認為這樣滿好的。你覺得我們首先要做什麼？

戴利：不知道，老師和我媽一天到晚盯著我，誰叫我的功課落後同學太多。

你　：我覺得先把家庭作業做完是個不錯的起點。我們可以設定類似的目標，例如「這個月底前我要補交數學、英語和電腦作業」。聽起來如何？

戴利：不知道我能不能做到，但這樣應該可以減輕我的壓力。

你　：很好。我們下一個任務就是想辦法做到。你覺得第一步要做什麼？

戴利：認真一點吧，我想。

你　：這是其中一部分。跟老師一起訂個讀書計畫，我覺得應該滿有幫助的，說不定可以多瞭解一下狀況，清楚老師能容忍的時間範圍，也讓他們知道你正在努力追趕。

戴利：沒錯，可是我真的不想跟湯普森老師說話。

你　：對你來說真的很難，你很怕跟他見面。

（沉默）

你　：你願意試試看嗎？

戴利：可以吧！我可以找學校輔導老師幫忙。

你　：真是個好主意。下個禮拜你要找個時間跟老師見面，擬訂做完作業這個計畫。等你跟老師見完面後，我們會更瞭解須花多少時間來達到做完作業的目標。

注意，上述對話用封閉式問句得到戴利的承諾。另外可以探討戴利不太想見湯普森老師的理由。

　　想像你已與戴利設定好目標，準備繼續下一次的晤談。你的下一步是什麼？寫下四或五個你們之間的對話。

你：

_____

_____

_____

戴利：

_____

_____

_____

你：

_____

_____

_____

戴利：

_____

_____

_____

你：

_____

_____

_____

戴利：

_____

_____

_____

你： 122

_____

_____

_____

戴利：

_____

_____

_____

你：

_____

_____

_____

　　記錄你跟戴利的第二次晤談，假設這次晤談進行得很順利，你很滿意你的做法和戴利的反應。

S：（主觀──戴利的說話內容摘要）

_____

_____

_____

_____

_____

O：（客觀──你的觀察）

_____

_____

_____

_____

_____

123　A：（評估──你對個案問題狀況和目標進展的評估）

_____

_____

_____

_____

_____

P：（計畫──指派家庭作業、規劃後續療程、下次晤談前應辦事項）

_____

_____

_____

_____

_____

　　想像在課程實習和全職實習期間須準備的文件記錄，你覺得你會面臨哪些挑戰？你如何克服這些挑戰？

_____

_____

_____

_____

_____

第六站推薦資源

Health Care Provider Service Organization. (n.d.). *Good documentation brings peace of mind.* Retrieved May 15, 2013, from http://www.hpso.com/resources/article/233.jsp

Magnuson, S. (2010). *Professional disclosure statement.* (Included in Appendix B.3).

Mitchell, R. W. (2007). *Documentation in counseling records: An overview of ethical, legal, and clinical issues* (3rd ed.). Washington, DC: American Counseling Association.

Norem, K., & Magnuson, S. (2012, March 22). Thoughts along life's journey: Consumer's guide to mental health services, Part I. *North Weld Herald*, p. 4. (Included in Appendix B.4.)

Norem, K., & Magnuson, S. (2012, March 29). Thoughts along life's journey: Consumer's guide to mental health services, Part II. *North Weld Herald*, p. 4. Retrieved from http://nwh.stparchive.com/ Archive/NWH/NWH03292012p04.php. (Included in Appendix B.5.)

Norem, K., & Magnuson, S. (2013). *Explaining counseling to clients.* (Provided in Appendix B.2).

124

第六站參考文獻

American Counseling Association. (2005). *ACA Code of Ethics.* Retrieved from www.counseling.org/Resources/aca-code-of-ethics.pdf

Cameron, S, & turtle-song, i. (2002). Leaning to write case notes using the SOAP format. *Journal of Counseling and Development, 80,* 286–292.

Swift, J. K., Greenberg, R. P., Whipple, J. L., & Kominiak, N. (2010). Practice recommendations for reducing premature termination in therapy. *Professional Psychology: Research and Practice, 43,* 379–387.

附錄 B.1

角色扮演練習專業聲明

125　　　　我是就讀於＿＿＿＿＿＿＿（大學）碩士班，修習＿＿＿＿＿＿（課程名稱）的受訓諮商師。這門課的要求之一，是要完成並錄音錄影諮商晤談角色扮演的作業。您扮演的是協助我完成這項作業的個案。更重要的是，它給我學習新技巧的機會。

　　　這次的模擬諮商大約持續 15 分鐘，您要假裝您是前來求助的個案，而我是您的諮商師。請您杜撰一個問題或跟我討論實際發生在您身上的輕微困擾事件。在角色扮演時我會用化名稱呼您。

　　　等我們完成這個晤談練習後，我會謄寫逐字稿，這是我磨練諮商技巧的難得機會。我的授課教師和班上同學會一起觀看角色扮演的錄影帶或檢閱逐字稿，我們會從專業諮商的角度思考您在晤談中的說話內容與行為表現。由於這個作業的性質，受專業諮商關係擔保的保密限制將擴展至我的授課教師和班上同學，如果有任何一個同學跟班上以外的人提起這些對話，那就是一種違反專業的舉動。當然，跟任何專業諮商關係一樣，如果我得知有人試圖傷害自己或他人的話，即使這是模擬諮商，我仍會遵守法律和倫理守則，採取適當的行動。

　　　我會盡我所能回答您的問題，您可以連絡我的授課教師（或督導）＿＿＿＿＿博士，電話是 ××××－××××××或 email：×××××＠×××××.×××）。＿＿＿＿＿博士囑咐我要向您樂意協助我完成這項重要的作業表達誠摯謝意。我也代表全班向您致上由

衷的感謝。

　　請您在下方簽名，表示您已跟我討論過這份聲明，且瞭解這份聲明　　126
中提及的保密限制。

<table>
<tr><td>————————</td><td>————————</td></tr>
<tr><td>受訓諮商師</td><td>「個案」</td></tr>
<tr><td>————————</td><td>————————</td></tr>
<tr><td>教授</td><td>日期</td></tr>
</table>

附錄 B.2

向個案解釋何謂諮商

127　　　　前來第一次晤談時，個案通常已對諮商經驗有許多既定的想法。他們或許從朋友那兒聽到一些經驗分享，或許曾見過其他諮商師，或從電視節目吸收資訊。他們或許滿懷諮商師應給建議、甚至告訴他們應該做什麼的期待而來。

美國諮商學會（ACA）將諮商定義為「賦能多元文化的個體、家庭、團體達成心理健康、幸福、教育與生涯目標的專業關係」。

當然，這個定義對很多個案毫無意義。你向個案形容的諮商必須具個人特色。美國諮商學會的定義包含諮商的目的，該目的（賦能個案）也揭示諮商關係的特徵與諮商師的責任。諮商師賦能個案做決定，為自己的決定負起責任。

你對諮商的闡釋須獨特獨到。除了用你自己的話說明你所提供的關係外，你應該描述諮商如何進行。你可以說：

> 這一次的晤談，我們會先看你填的初談表。我會問一些問題，確定我完全瞭解你的情況。我會常跟你核對我對你的瞭解是否正確，我也想請你多說一些有關（個案自陳前來諮商的目的）。

> 當你跟我都滿意我得知的資訊正確，我也確實瞭解你的經驗後，我們會一起決定工作目標。我會推薦你如何以最有效

的方式達成目標。你現在有什麼想問的問題嗎？

有些諮商師會用隱喻的方式解說諮商，例如用下述說法說明他們的
責任和個案的責任：

> 我將諮商視為一趟我們並肩共行的旅程。你是負責人，
> 你邀請我與你同行，希望我盡力協助你。剛開始，我會希望你
> 告訴我你想去的終點、你碰到的任何困難──或預期會遇到的
> 阻礙──以及你達成目標的計畫。我會好好聽你訴說，從你身
> 上學習。
>
> 　我會問你之前走過哪些行程、你有哪些資源，以及你思
> 考過的策略。當我們更瞭解你的旅程後，我會成為你走向終點
> 的好伙伴。我們要一起規劃和探究彼此的觀念。你對我們這趟
> 旅程的路線有最終決定權。

128

除了口頭說明外，諮商師也常用書面和網路等媒介分享他們的諮商
取向、受訓經驗與督導、證書資格及諮商歷程等。

參考文獻

What Is Counseling? (n.d.). The American Counseling Association. Retrieved on May 15, 2013, from http://www.counseling.org

附錄 B.3

Sandy Magnuson 博士
的專業公開聲明

129　　　本文是為了協助欲求助的個案瞭解我的諮商工作。若對本文有任何
疑問，歡迎您來與我討論。

　　我的證書資格：我是科羅拉多州的有照專業諮商師，憑藉足夠完整
的受訓與督導經驗，我被授予對個人、伴侶和家庭提供諮商服務的資格
與權限。我也根據證照委員會建立的專業標準負責做好諮商工作。

　　除了專業諮商師執照外，我還符合以下多種專業學會的會員與
證書資格。我謹遵美國諮商學會（ACA）、美國婚姻與家族治療學
會（AAMFT）、全美合格諮商師委員會（NBCC）及遊戲治療學會
（APT）的倫理守則。

　　我的專業取向：我採用備受推崇的理論與取向進行諮商工作。簡
言之，我認為您與我的關係至為重要，因此，我會盡力以真誠、溫暖、
尊重與正向關懷和您建立伙伴關係。在這個基礎上，我會思考個人跟家
庭、工作環境及社會網絡的關係。我也常邀請個案探索跟現在的困境和
成就有關的家庭與幼年經驗，在這個過程中，我通常會繪製家系圖與您
討論。

　　第一次晤談：第一次晤談是用來決定我是否適合當您的諮商師。我
會回答您的問題，此外，我會竭盡全力聆聽您的困擾苦惱，正確地反映
我對您的經驗的瞭解。

當我有足夠的瞭解後，我會就我們的合作提出若干建議。如果雙方都同意接受我的諮商對您有幫助的話，我會和您一起設定目標，擬訂成長計畫。

我會在第一次晤談時檢視保密的各個要素、您的權利和我的責任。在開始我們的晤談前，我會請您正式簽署一份授權文件，表示您正受醫療人員照顧。

諮商工作的本質：整個諮商過程須仰賴您告訴我想在諮商中達成的目標、什麼有效、什麼對您沒有幫助。如果我們決定在第一次晤談後繼續我們的諮商關係，若您有任何不舒服或不滿之處，請隨時讓我知道。如果差異無法解決，或您想徵詢其他心理健康專業人員的意見，我會提供其他諮商師的名字，做好適當的轉介程序。

諮商關係：我跟個案發展的關係受最高專業標準規範。最違背界線之舉首推諮商師與個案發展出任何形式的親密關係，這樣絕對違反科羅拉多州法及我奉行的倫理守則。其他較輕微的違反情況包括涉及社交關係或生意往來，也就是說，如果我在公眾場所遇到您，我通常不會上前寒暄對話，以保護、保密我們的關係為主。我也要求您不要送我禮物或邀請我參加您的社交活動。

保密：保密是諮商工作的保證書。個案所透露的內容有受法律與倫理保障的隱私權，只有得到他們書面允許的情況下才能公開。但是，我也必須讓您瞭解科羅拉多州的諮商師在保密上的限制。根據法律判例與倫理守則，危及保密的情況是：(a) 個案有傷害自己或傷害他人的可能性；或 (b) 有傷害或忽視無法保護自身安全的人（如：兒童）的證據。同樣地，有可能因法官喻令而放棄保密。雖然這些情況非同小可，但並不常發生。

可以的話，我邀請您一起參與記錄諮商工作的文件。根據科羅拉多州管理諮商實務的法令，記錄會保存在我的私人辦公室裡，任何時候您皆可索閱文件檔案。

諮詢：向同事或督導諮詢請益是提供最佳服務的不二法門。向其他

130

專業諮商師尋求諮詢時，我不會透露您的姓名，保護您的匿名安全。

潛在的利益與風險：任何治療皆存有潛在的利益與風險。諮商經過科學重複實驗證明，能有效協助大多數人及大多數問題情境。

不過，我不能保證個案能達成目標或獲致顯著的效果，事實上，您可能會遭遇心理風險。例如，個人重大的改變決定可能引發重要關係緊張、可能會經驗到難過、罪惡感、焦慮、生氣、挫折、孤單與無助等情緒。請記得，是您，而非我，才能決定冒險的程度。

預約與排定時段：當您決定在第一次晤談後繼續接受諮商，我會請您允諾定期出席。若因生病或其他意外需重新更改時段，請即時讓我知道。

緊急服務：受限於家族諮商學會之規定，我們不能提供緊急服務。若您面臨緊急或生命交關的情況，請盡速聯絡 911 或前往北科羅拉多州醫療中心急診室求助。

費用：排定第一次諮商晤談前，會先跟您討論和敲定費用事宜。

問題和需要更多資訊：如有問題或其他須補充說明，我定竭誠回答。

Sandy Magnuson 博士

2010 年 12 月

有照專業諮商師（證照號碼 #2913）

管理部心理健康科

（80202）科羅拉多州丹佛市百老匯大道 1560 號 1370 室

電話：303.894.7766

www.dora.state.co.us/Mental-Health

合格遊戲治療師暨督導（證照號碼 #189）

遊戲治療學會（APT）

（93703）加利福尼亞州佛雷斯諾市北酒莊大道 2050 號 101 室

臨床會員資格

美國婚姻與家族治療學會（AAMFT）

（20005）華盛頓哥倫比亞特區 15 街 1133 號 NW300 室

專業會員資格

美國諮商學會

（22304）維吉尼亞州亞歷山大市史蒂文生大道 5999 號

附錄 B.4

心理健康服務消費者指南 I

132　　　多年來，我們常鼓勵周遭親愛的朋友和家人運用專業諮商師、心理學家與家族治療師提供的服務，不遺餘力地協助朋友、家人和個案成為知情的消費者（informed consumers）。本專欄的精彩內容為介紹各種提供心理與關係健康協助的專業人員。

　　能提供心理健康諮商服務的專業人員不計其數，讓人摸不著頭緒。這個領域的專門訓練包括：精神病學、心理學、專業諮商、社會工作與家族治療。這些專門領域執業者須擁有特殊專長證照。證照的教育程度要求不等（基本上須具備碩士學位）、參加官方正式測驗合格，並接受（通常兩年）督導。

　　心理健康專業人員受州法管轄，但各州的規範不一。管轄心理健康工作者的科羅拉多州法並未強制要求具備證照。實務工作者可以提供並負責進行心理治療，毋須符合證照要求。不過，他們必須向管理部（Department of Regulatory Agencies, DORA）註冊登記為心理治療師。

　　精神科醫師是醫學專科醫師，通常開立心理藥物以治療各種精神疾病。

　　心理學家具有博士學位，他們的專長是評估衡鑑與提供個別、團體和家庭諮商服務。

　　擁有碩士或博士學位的社工師亦具有合格證照。依其受訓與督

導經驗，他們的頭銜可為有照社工師（LSW）或有照臨床社工師（LCSW）。社工師透過個案管理與治療協助個體和家庭。

專業諮商師具有碩士學位，多數人甚至領有博士學位。符合州法規定者通常稱為有照專業諮商師（LPC）或有照學校諮商師（由科羅拉多州教育部頒發）。他們的專長是生涯發展、團體諮商及個別諮商。專業諮商師的工作場域為學校、社區機構和醫院。

常見的婚姻與家族治療領域包括上述提及擁有碩士學位、加上受訓專長為婚姻與家族治療的治療師，他們被稱為有照婚姻與家族治療師（LMFT）。伴侶諮商也是婚姻與家族治療領域內的專業。

實務工作者亦有可能是合格或有照的戒癮諮商師。合格的戒癮諮商師依受訓程度分成三級：CAC-I、CAC-II 與 CAC-III。想成為合格的戒癮諮商師，必須完成等同於其他專門領域的研究所課程。

科羅拉多州管理部設立有照和無照心理健康服務的資料庫。管理部的網址（www.dora.state.co.us）內含控管科羅拉多州專業團體的資訊。消費者可以確認對方的執照許可，查明有無接到顧客投訴或受到紀律處分。消費者亦可透過管理部網站提出客訴。

選擇心理健康服務時，詳細探問對方的訓練、證照和資歷非常重要。在下一次的專欄裡，我們將針對初次預約時你應詢問的問題和對方應提供的資訊提出建言。

資料出處：Norem, K., & Magnuson, S. (2012, March 22). Thoughts along life's journey: Consumer's guide to mental health services, Part I. *North Weld Herald*, p. 4.

附錄 B.5

心理健康服務消費者指南 II

134 　　如前所述，我們鼓勵讀者成為心理健康服務的知情消費者。最近幾次的專欄，我們認明心理健康專業人員的必備條件，也說明提供這些服務的專業。這期專欄我們列出可向這些服務提供者提問的問題，以及預約和出席第一次晤談時可能會遇到的狀況。

　　選擇心理健康服務時，探問服務提供者的資料和諮商風格為合情合理之事。這些資訊通常載於網站或傳單上。

　　消費者可詢問的問題有：

- 你的證書資格是？（包括學位、訓練、專業認可與證照）
- 你的專長是？（和受過的專業訓練）
- 通常治療時程多久？
- 等待預約見面的時間要多久？
- 費用呢？有跟保險公司合作嗎？
- 你的理論取向是？你得到回答可能是：「身為一位家族諮商師，我採用系統觀探索原生家庭的議題」或「我使用認知行為取向」或「我會用 EMDR」。最好進一步詢問到你瞭解對方的回答為止。例如，你可以繼續問他：「什麼是 EMDR ？」順道一提，家庭系統的知識是家族治療專業人員的基本要求。
- 詢問對方是否具備你欲求助問題的相關經驗。例如，你可以說：

「你做過哪些準備工作以與年長伴侶晤談？」或「你受過哪些與
兒童晤談的訓練？」

詢問第一次晤談的程序也無妨。有些心理健康專業人員會要求新
個案在第一次晤談前填寫表格、回答問題、完成正式測驗和問卷、審核
文件。有些則進行詳實的初始晤談。有些機構先由內部人員與新個案會
面，再轉介給適合的臨床人員。

這個過程不可或缺的要項是知情同意。個案必須充分瞭解保密及其
限制、後續歷程、心理健康專業人員的資格、個案的權利等，使其有足
夠的知識簽署諮商契約。

個案與心理健康專業人員的關係是治療能否發揮效果的關鍵。關
係始於第一通電話，延續整個諮商歷程。如果初次晤談前的電話諮詢感
覺不太好，我們鼓勵你另覓人選。焦慮在所難免，尤其是第一次晤談當
下。辨清何者為正常的焦慮、何者為關係因素引發的忐忑不安是很重要
的。

我們知道求助心理健康服務多少會引發焦慮或脆弱難為情的感受。
於此同時，我們也肯定專業諮商的價值。我們曾親眼見到個案下定決心
認真接受專業諮商後，達成目標、解決家庭問題、克服挫敗問題情境後
如釋重負、欣喜若狂。千萬不要讓害怕阻礙你求助哦！

資料出處：Norem, K., & Magnuson, S. (2012, March 29). Thoughts along life's journey:
Consumer's guide to mental health services, Part II. *North Weld Herald*, p. 4.
Retrieved from http://nwh.stparchive.com/Archive/NWH/NWH03292012p04.
php

第七站　鞏固

歡慶旅程與準備各奔前程

在這一站，你將有機會：

- 辨識晤談工作完成的指標。
- 釐清結束晤談工作的責任。
- 發展結束晤談工作的技巧。
- 再次將你的核心信念去蕪存菁。
- 將真誠、尊重、同理心與投入賦予個人化的意義。
- 籌備自主學習的旅程。
- 重拾健康。
- 反思自省！

　　我們把跟個案晤談視為恩典與殊榮。我們與個案談話緊湊縝密，雖然諮商關係全然是專業關係，但個案卻對我們推心置腹、真心相待，請我們陪他走過困頓、掙扎，也分享勝利的喜悅。我們關心他、時常將他放在心裡，但這樣的關係連結卻是短暫的，所有的工作面向——從開始到結束——都有目的性。這一站要討論諮商工作的最後一個階段。專業諮商師常把這個階段稱為結束（termination），但我們稱之為鞏固

（consolidation）。

　　鞏固諮商工作與本書《諮商技巧精要：實務與運用指南》的最終目標一致。因此，我們會先以鞏固諮商師與個案的晤談工作為本站起點，然後設計一些練習活動，催化讀者們鞏固本書的學習。

137　　假設你與某位很棒的諮商師晤談六個月了。你們的晤談縝密充實，效果出奇的好，你的目標圓滿達成，進步神速，你和你的諮商師決定晤談該畫下句點了。你正準備出席最後一次晤談，你有什麼想法和感覺？

　　假設你是位諮商師，你與一位腳踏實地、意志堅定的個案晤談。你們的晤談縝密充實，效果出奇的好，他的目標圓滿達成，進步神速。你佩服個案堅持不懈克服困境的拚勁，也真心喜歡共處的時光，你和個案都決定晤談大功告成了。你正準備進行最後一次晤談，你有什麼想法和感覺？

鞏固諮商工作

　　諮商師在個案的生命中扮演舉足輕重的角色，或至少有這樣的可能性，但是，諮商師跟個案的關係是短暫的，是為某一特定任務而專門建立的關係。既然如此，跟個案訂定契約時，諮商師理應預先考慮此種結

局和結果。諮商師和個案在晤談之初就要開宗明義回答「我怎麼知道我們的晤談工作大功告成了？」這個問題。

諮商師與個案的晤談工作結束原因不知凡幾。理想的情況是晤談成功、目標實現。但有時是個案參與諮商的動機減弱了，導致晤談斷斷續續，甚至消聲匿跡、杳如黃鶴。有時個案無法持續諮商乃情非得已——行程滿檔、經濟拮据、搬家、交通不便等等。有時是諮商師搬遷或赴任新職。間或諮商沒有發揮效果，諮商師只好進行轉介或推薦其他的資源。如果進展停滯不前，繼續與個案晤談反而違反倫理。

> 鞏固諮商工作時，專業諮商師仍應遵守美國諮商學會的倫理守則及州法規定。

提前或突然結束

138

若諮商師必須提前結束諮商，給個案時間適應、悲傷和準備非常重要，而且也要做好轉介持續照護的動作。調任新的機構或社區中心時，我們至少會在三週前告知個案，告知的說法通常是：「我必須讓你知道我的個人生涯規劃發生變化，5月15日之後我將離開這個單位，我要謝謝你過去這幾個星期來的努力，我也要盡我所能地提供協助，確保你能與機構內的另一位諮商師銜接合作。」

個案提前或突然結束諮商往往令人措手不及，除了須與自身的感受周旋奮戰之外，諮商師也要決定如何以單方面但不失正規的方式結束關係。機構通常會有一套由個案提出結束的程序，督導或有他個人希望你遵循的指導方針。我們的做法是以寄信方式通知，信中寫道：「若個案沒有回來諮商，通常表示他們的情況大有改善，我希望您的情況也是如此。但如果您想繼續接受諮商服務，也請您再來電預約。若5月30日前尚未收到你的回音，我就會終止服務。」

鞏固成功的諮商

　　要結束一連串成功的諮商晤談，須與個案共同決定。面對此一轉變，諮商師典型的說法是：「我們已經晤談七個禮拜了，你也達成了目標。我認為我們的晤談已接近尾聲，你對此有何看法？」個案的反應所在多有：「不，我還沒有準備好！」和「我也有同感。」猶疑不定是意料中之事。

　　若對結束諮商達成協議，諮商師須規劃時間，鞏固諮商進展使其發揮最大效益。他們可能會增加晤談間隔時間，也可能減少每次晤談的時間。

　　諮商師、諮商師教育者和督導各有偏好的結束風格，在此介紹的是我們的程序與作風。不過，我們會把最後一次晤談的範式留待你的督導和授課教師決定。

　　我們要求受督者規劃最後一次晤談時須包含下列元素。稱職的諮商師直到關係最後，一樣會關注個案的需求。立即性和自我揭露在鞏固階段依然扮演重要角色，這些技巧能滿足個案的需求、強化進展，幫他們做好繼續成長的準備。雖然諮商師也會因結束諮商工作而經驗到失落、難過與遲疑，我們仍要提醒自己和受督者：「一切以個案為重！」

- 彰顯進步。在這個過程中，我們會邀請個案分享對個人進步的看法，從個案記錄中列舉我們的觀察，而不是用老氣橫秋或好為人師的態度鼓勵個案。
- 回顧諮商關係。邀請個案思考諮商這段期間重要的晤談時刻、轉捩點和尷尬的片段。我們希望能從下述問題獲得回饋，如：「何時你有豁然開朗的感覺？」或「什麼時候我似乎不夠瞭解你？」我們也會詢問個案諮商最奏效的地方。
- 討論未來的方向。我們煞費苦心深化改變，預防復發或故態復萌，提供終生學習的建議，如心理教育、自助書籍和團體諮商，

盡力協助個案預想可能的阻礙、難關和挫折，設想能化險為夷的良策。一般的問法是：「哪些情況對你來說可能難以處理？」和「你能做些什麼以穩住你前進的方向？」我們也會聚焦在個案的行為：「你該留意哪些危險訊號，盡快重振旗鼓，這樣你才不會前功盡棄？」

• 辨識可用資源。讓個案在最後一次晤談帶著資源離開，必使其受用無窮。為此通常會安排一次追蹤晤談。諮商師可推薦能維持進展的活動和列舉適當的社會資源。

• 討論紀錄留存。法律規定要保留、保存與保管諮商紀錄。須讓個案明瞭他們的紀錄會保存在哪裡、保留多久，以及如何索閱紀錄。

• 正式道別。從我們過去的經驗得知，道別對個案來說談何容易。現實的情況是，有些人會以取消或爽約的方式跳過晤談，或許他們不習慣說再見吧！我們會將這個諮商階段視為示範真誠、由衷道別的機會。如果「我喜歡跟你一起度過的時光，我會想念你」是發自內心的肺腑之言，我們希望最後跟個案囑咐的叮嚀依然意味深長、言猶在耳。

鞏固《諮商技巧精要：實務與運用指南》

　　鞏固諮商關係是為個案著想。讓我們把焦點轉移到下一個關鍵人物：你！

　　我們鼓勵你進行反思練習，從專業諮商師的角度思考你的角色、職責與義務，這些活動可不是年度決算報表。事實上，隨著你越來越投入諮商專業，在不同的工作場域遇見各式各樣的個案，我們預期你會改變某些信念和價值觀。希望本書能激勵你持之以恆地繼續這趟旅程。

　　思索該如何整理本書的旨趣和主題時，我們準備了一張「地圖」
（圖 7.1），釐清和傳達我們對發展技巧、建構理論、應用等專業諮商
師應有作為的理念。

140

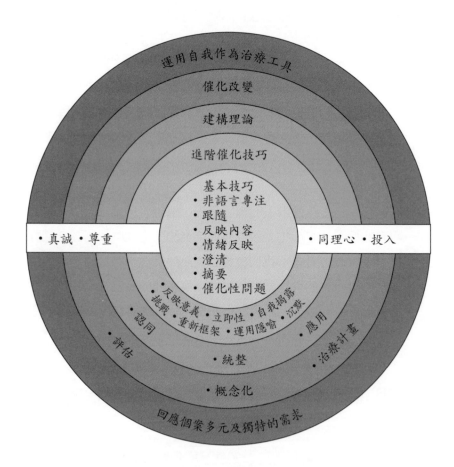

圖 7.1　技巧習得與專業發展的概念化

　　如圖所示，基本技巧位於中央，但卻是連結貫穿其他元素的樞紐。
基本技巧遞增擴充為進階催化技巧，理論和具實證基礎的方法繼之增添
補益。我們再三強調尊重多元文化族群與個體的重要性，探索產生改變
的條件與策略。

　　你的聲音（亦即你個人的想法）在第四、五、六站益發突顯。該如何與個案晤談，我們希望你自行判斷下結論，也鼓勵你挑幾位個案練習概念化歷程。我們強調的重點越多，對你的期盼日殷，因為你正在成為「諮商師這個人」。運用自我作為治療工具及回應個案獨一無二的需求，將你作為專業諮商師這一角色融會貫通。我們對專業發展、真誠、尊重、同理心與投入——這是所有專業助人領域的關鍵要素——的概念性理解是：它們凌駕於所有的技巧之上。第四、五、六、七站的整體目標是要協助你在專業化的過程中，將習得的技巧、理論和介入方式賦予個人特色。

當你準備邁向這趟旅程的終點時，你對真誠、尊重、同理心與投入有何獨到的見解？

141

_____

_____

_____

你如何得知你正在言不由衷或對他人嗤之以鼻？

_____

_____

_____

你如何得知你有同理心？

_____

_____

_____

_____

你如何認定自己確實投入？

_____

_____

_____

_____

　　我們已來到圖 7.1 的外圍，但你的專業旅程才剛要開始。想像許多箭頭從外圈蓄勢待發，每支箭頭上面標示這趟跟我們一起同行的受訓諮商師的名字。你要在其他「導遊」的支援和眾多你自主學習的旅程中繼續成長。你的專業準備會將你帶向何方？你將往何處去？我們希望你駐足片刻，深思這些問題。毫無疑問，越接近學期末，你越筋疲力盡，但我們仍衷心期盼你能花些時間記下你的反應。

_____

_____

_____

_____

_____

收拾行囊準備下一段旅程

　　在第四站的尾聲，我們曾鼓勵你用有系統、有組織的方式「收拾行囊」。在這一站，我們會推薦其他打包秘訣。有些可能適合你，有些則否。你才是握有主控權的消費者和旅行家！

　　這整本指南都在探問你的想法、信念和價值觀。在旅行遷徙的過程中若胡亂裝箱和存放，就容易丟失和遺忘行李，你學到的觀念、策略、各種可能性和計畫自不例外。因此我們要盡量有條不紊地整理你身為諮商師一職的信念，好好「打包」所學所思，方不至失於道中，下落不

明。以下活動會是你的好幫手。

想像你必須把跟諮商有關的信念和價值觀濃縮成 10 個聲明，每個聲明都要附上簡短的段落說明（引自 Conyne, 1997; Dolliver, 1991; Fontaine & Hammond, 1994; Magnuson, 2000a）。

我（本書第一作者）在不同的生涯階段寫下的「座右銘」（maxims）如下：

- 我並非無所不知的萬事通，不可能通盤知曉能有效協助所有個案的方法。所以，整個專業生涯我將秉持終生學習和向督導請益的宗旨。我也會含蓄婉轉地請個案教我怎樣才是最有效的合作方式。
- 我能送給個案最重要的禮物，就是提供能賦能他們發現問題解決策略、達成目標與成長向上的關係。我必須投注大量時間，確保個案和我都願意投入，贏得個案讓我走進他們的生命的權利。
- 諮商是科學，也是藝術。既為藝術，我必須將諮商的基本原理、研究、理論、策略和介入方式跟我的人格特質、諮商理念、倫理守則與取向融會貫通、一體成型。在此種工作架構下，我才能更有效地領會與回應每位個案的獨特需求與個性。
- 諮商是一種專業殊榮。如果我無能對受訓諮商師、受督者、個案、個案的家人、督導和同事傳達出尊重和無條件的積極關注，那麼我不配聲稱我的生活方式符合我引以為傲的價值觀。雖然我認為統整與真誠是過程而非終點，但我仍須時時刻刻監控和評估我孜孜不倦於這段旅程的程度。

現在，輪到你了。當你開始寫時，別忘了宣明這是你的主張！你會　　143

如何稱呼你的聲明呢？座右銘？理念？反思？專業宣言？箴言？想想你即將擔任的專業諮商師一角。你可以聚焦在個別諮商、工作機構或專業學會上。現在，別限定你要寫多少個聲明，只要此時此刻浮上心頭的都寫下來。

　　無論你採用何種形式或文體，我們鼓勵你著手進行這項練習，在暫時定稿的前幾天再檢視一遍，不時拿出來檢閱：(a) 讓自己定下心來；和 (b) 修正與反思個人的專業與個人成長。希望你能跟授課教師和同學分享你的聲明。

_____

_____

_____

_____

_____

_____

_____

_____

假設你的最高目標是成為中等、平凡的諮商師。請列出七個你須採取的行動，但不至於逾越你的目標。解釋你的行動計畫以支持你的論點。

> 系統化的圖表能協助專業助人工作者釐清概念。更多建議及範例，請閱讀 Magnuson（2000b, 2000c）或 Wubbolding（2011, p. 48）的文章。

_____

_____

_____

_____

_____

_____

_____

_____

_____

_____

_____

_____

_____

_____

_____

_____

專業諮商師：就是你！

在第一站的時候，我們介紹健康的觀念，並請你用生理、社會、情緒、靈性、職業與認知等六個向度評估你的健康水準。重新思索這些健康觀與你追求健康的方式，心中閃過哪些想法？你需要做哪些努力維護自身健康？

_____

_____

_____

_____

_____

_____

_____

_____

專業的舉止與姿態和我們的心理健康與個人成長並行不悖、相得益

彰。對此你有何看法？許多專業諮商師都會接受個別諮商或團體諮商。專業成長亦包含個別或團體督導。激發個人成長的文獻亦車載斗量、俯拾即是。

當你出發踏上生涯旅途後，千萬別犧牲了自身的健康。留意讓你精疲力竭、渴望休息、生活失衡、興味索然、對自己和他人逐漸失去耐心的徵兆。釐清你在個人和專業方面的優先順序，如此一來你才能把這些優先順序跟你的行事曆對照比較，身體力行有益於個人成長的活動。

想像一日將盡時分，你坐在辦公桌前，手邊突然冒出許多預定外的交辦事項、接不完的電話、緊急事件，和強制要求你出席一個跟個案定期晤談無關的會議。

你好餓，晚餐時間快到了，但你還沒有寫完記錄。你的書桌亂成一團，沒有空收發 e-mail。你的同事都下班離開了，有位同仁還因喉炎請病假。你仍有時間看完 e-mail 和語音留言、清空書桌，在無人干擾的情況下，希望明天之前把一切事情搞定。

但晚餐怎麼辦呢？順便一提，你的喉嚨也有點發癢難受。

你如何調和管理個人生活、甚至晚餐和「我是唯一能做這件事的人。如果我不做，事情就無法完成。如果不現在做，明天的進度就落後更多了」等慣性思考之間一觸即發的白熱化局勢？

_____

_____

_____

_____

你的內在智慧如何告知「你需要休息了」等類似的訊息（例如：有些人會覺得肩膀或前額緊繃）？

_____

_____

_____

_____

_____

_____

147　　　有哪些放鬆活動最適合身為研究生的你？

_____

_____

_____

_____

_____

你從事哪些自我照顧的活動？

_____

_____

_____

_____

_____

你要做哪些事情以保持活力充沛、精神抖擻、跟上專業的趨勢？你想參加哪些專業學會？你需涉獵哪些專業文獻與研究？你要參加哪些研討會？

_____

_____

_____

_____

_____

統整

　　花些時間沉思你最為熟稔的理論、針對前述兩個練習活動寫下的內容，還有你這個學期的成長。該如何將這些看似分散、不同的面向融會貫通、相輔相成？如果你的核心信念跟你偏好的理論衝突相左，那該怎麼辦？讓這些張力浮上檯面，欣然接受之！銘記在心後，你會找到不必委曲你的個人治療才華，並善用理論的兩全其美方法。

最後的叮嚀

148

　　接近我們要說「再見」的時刻了。回顧手邊滿滿行囊，希望我們有圓滿達成任務。我們設法合理化瞻前顧後的心情，希望這趟結伴同行的旅途讓你的成長更上一層樓。回首來時路，期盼我們在每一站的導覽沒有遺珠之憾。

　　跟你在一起的這段時間（或者該說這些頁數），我們毫無保留地分享有助於你邁向專業成熟的資源，花費相當多的篇幅統整集大成。但我們該如何揮手相送，同時也勉勵你繼續未來沒有我們相伴的旅程？該如何評量我們這趟旅程的效益？當你複習我們提供的資源和體驗活動，或許你可以給我們一些建言作為參考。

　　敬候佳音，並獻上我們最深的祝福，願你的生涯發展長長久久、馬到功成、善始善終。祝你一路順風！

Sandy 與 Ken

第七站推薦資源

Magnuson, S., Norem, K., & Wilcoxon, S. A. (2002). Clinical supervision for licensure: A consumers' guide. *Journal of Humanistic Counseling, Education and Development, 41,* 52–60.

Magnuson, S., Wilcoxon, S. A., & Norem, K. (2003). Career paths of professional leaders in counseling: Paths, opportunities, and happenstance. *Journal of Humanistic Counseling, Education, and Development, 42,* 42–52.

Norem, K., Magnuson, S., Wilcoxon, S. A., & Arbel, O. (2006). Supervisees' contributions to stellar supervision outcomes. *Journal of Professional Counseling: Practice, Theory, and Research, 34*(1&2), 33–48.

Wilcoxon, S. A., Norem, K., & Magnuson, S. (2005). Supervisees' contributions to lousy supervision outcomes. *Journal of Professional Counseling: Practice, Theory, and Research, 38*(2), 31–49.

第七站參考文獻

Conyne, R. K. (1997). Group work ideas I have made aphoristic (for me). *Journal for Specialists in Group Work, 22,* 149–156.

Dolliver, R. H. (1991). The eighteen ideas which most influence my therapy. *Psychotherapy, 28,* 507–514.

Fontaine, J. H., & Hammond, N. L. (1994). Twenty counseling maxims. *Journal of Counseling and Development, 73,* 223–226.

Hammond, J. H., & Hammond, N. L. (1994). Twenty counseling maxims. *Journal of Counseling and Development, 73,* 223–226.

Magnuson, S. (2000a). Clarifying epistemology with statements of fundamental professional assumptions. *Journal of Humanistic Education and Development, 38,* 252–256.

Magnuson, S. (2000b). Clarifying a professional paradigm with a schematic model. *Guidance and Counselling, 16*(1), 9–11.

Magnuson, S. (2000c).The professional genogram: Enhancing professional identity and clarity. *The Family Journal, 8,* 399–401.

Wubbolding, R. E. (2011). *Reality therapy.* Washington, DC: American Psychological Association.

索引

（條目後的頁碼係原文書頁碼，檢索時請查正文側邊的頁碼）

名詞部分

國家圖書館出版品預行編目（CIP）資料

諮商技巧精要：實務與運用指南／Sandy Magnuson,
Ken Norem 著；陳增穎譯.--初版.--新北市：心理，2015.04
面；　公分.--（輔導諮商系列；21113）
譯自：Essential counseling skills: practice and application
guide
ISBN 978-986-191-653-8（平裝）

1.諮商技巧　　　2.諮商

178.4　　　　　　　　　　　　　104004443

輔導諮商系列 21113

諮商技巧精要：實務與運用指南

作　　　者：Sandy Magnuson、Ken Norem
譯　　　者：陳增穎
執 行 編 輯：高碧嶸
總 編 輯：林敬堯
發 行 人：洪有義
出 版 者：心理出版社股份有限公司
地　　　址：231026 新北市新店區光明街 288 號 7 樓
電　　　話：(02)29150566
傳　　　真：(02)29152928
郵撥帳號：19293172　心理出版社股份有限公司
網　　　址：https://www.psy.com.tw
電子信箱：psychoco@ms15.hinet.net
排 版 者：鄭珮瑩
印 刷 者：竹陞印刷企業有限公司
初版一刷：2015 年 4 月
初版五刷：2021 年 10 月
I S B N：978-986-191-653-8
定　　　價：新台幣 230 元